FAIRLIEBT
VERLAG

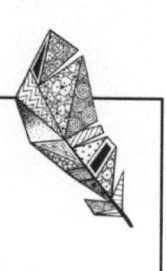

Isabell Mezger-Schumann

Fuck Identity!

Eine spirituelle Reise für Rebell*innen, die innere Mauern zum Einsturz bringen und sich frei entfalten wollen.

Impressum

© 2021 Fairliebt Verlag, Isabell Schumann

Text: Isabell Schumann

Verlag und Druck: tredition GmbH, Halenreie 40-44, 22359 Hamburg

Cover-Gestaltung: Indra Siemsen

Lektorat: Jessica Krug

ISBN:
Hardcover: 978-3-347-37661-8
Paperback: 978-3-347-37660-1
eBook: 978-3-347-37662-5

Das Werk einschließlich aller seiner Teile ist urheberrechtlich geschützt. Jede Verwertung außerhalb der engen Grenzen des Urheberrechtsgesetzes, ist ohne Zustimmung des Verlages unzulässig und strafbar. Dies gilt insbesondere für die elektronische oder sonstige Vervielfältigung, Übersetzung, Verbreitung und öffentliche Zugänglichmachung.

Die Deutsche Nationalbibliothek verzeichnet diese Publikation in der Deutschen Nationalbibliografie; detaillierte bibliografische Daten sind im Internet über http://dnb.d-nb.de abrufbar.

Inhaltsverzeichnis

Int(r)o the deep — 10
Fuck Identity – weg mit der Mauer! — 15
Scheiß auf Perfektionismus — 17

Der Zusammenbruch — 19
Allein mit der Bestie — 20
Der Zusammenbruch als Aufbruch — 24
Dein Zusammenbruch — 28
Meine Diktatorin — 29
Mein Erdbeben — 33
Wer kennt den Sinn des Lebens? — 40
Liebe das Unbekannte — 44

Die Illusion — 47
Wir Suchenden — 48
Was ist eigentlich wirklich wahr? — 52
Problemfreie Zone — 54
Wie unsere Identitäten dem System dienen — 56
Nackt machen — 59
Wie kann sie nur?! — 63
Die Kraft der Worte — 68
Alles so verboten — 71
Der Guru-Effekt — 74
Date mit der Unendlichkeit — 78

Die innere Neuordnung — 85
Türen fliegen auf — 86
Unseren Wert bestimmen wir selbst — 90
Erlaube dir, dich verloren zu fühlen — 94
Träumen ohne Ziel — 98

Mein inneres Kind heilt mich...	*101*
Wer entscheidet, was genug ist?	*104*
Detox deine Morgenroutine	*107*
Feuer flackert	*110*
Gefühle lügen nicht	*113*
Der Club der Schattenfürchter	*117*
Wege zur Erleuchtung	*121*
Der Sinn unserer Existenz	*124*
Die wahren Aufgaben im Erdenleben	*128*
Wut zerreißt	*133*
Loslassen braucht Raum und Zeit	*137*
Kontrolle ist eine Illusion	*140*
Mit offenen Armen	*145*
Schließe Frieden mit dem Leben	*148*
Alles passiert zu unserem Wohl	*150*
Die Entfaltung	**156**
Die Entfaltung deines Seins	*158*
Es darf wild werden ...	*161*
Lass uns schamlos glücklich sein	*164*
Beschäftigst du dich noch oder lebst du schon?	*167*
Meinung vertreten und loslassen	*170*
Auf den Wellen treiben	*172*
Ab ins Niemandsland	*175*
Die Fülle ist unser Treibstoff	*177*
Kreiere Hand in Hand mit dem Leben	*179*
Die Reise zurück zur Berufung	*183*
Fließender Selbstausdruck	*191*
Du bist alles	*196*
Gegensätze ziehen sich aus	*200*
Verstecken bringt nichts	*203*
Wenn das Licht rebelliert	*205*
Gesunder Weitblick	*208*
Die Unendlichkeit ist blau	*211*

Am Ende kommt es anders	214
Danksagung	**221**
Channeling-Reading mit Isabell	223
Mehr vom Fairliebt Verlag	**224**

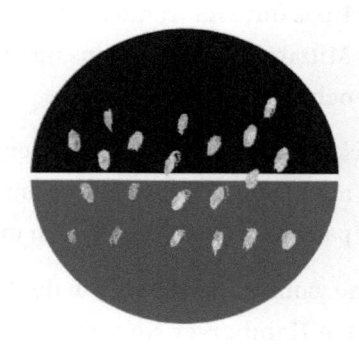

Für alle liebevollen Rebell*innen,
die ihre inneren Mauern zum Einsturz bringen
und die wahre Grenzenlosigkeit dahinter
erfahren möchten.

Int(r)o the deep

Meinen Koffer halte ich fest umklammert. Lachende Pärchen. Ein Mann am Handy gestikuliert wild. Ein Kinderwagen rollt an mir vorbei. Die Bahn bremst ab. Ein sanfter Ruck durchfährt mich, als sie an der Haltestelle zum Stehen kommt. Einige Mitfahrende steigen aus und nehmen die Lautstärke mit, die mir bis eben noch in den Ohren summte.

Seit ich auf dem Rückweg bin, scheint alles lauter, bunter und aufregender zu sein. Als hätte mich eine Leuchtreklame am Time Square in ihren Bann gezogen, bin ich paralysiert von Neonfarben und blinkendem Licht.

Dabei ist das hier eine ganz normale Fahrt in der S-Bahn Richtung Hamburger Flughafen. In den Hamburger Norden, nach Hause. Mit jedem gefahrenen Meter entfernt sich mein Meditationswochenende weiter von mir. Gleichzeitig versuche ich es festzuhalten wie meinen Koffer. Drei Tage schweigen und meditieren liegen hinter mir. Auf dem Land in Schleswig-Holstein, in einer kleinen Gruppe Gleichgesinnter.

Nun schwimme ich wieder im Strom der Millionenstadt, der nie still steht. Vierundzwanzig Stunden am Tag in Bewegung.

Wer bin ich eigentlich, hier unter vielen? In der Vergangenheit habe ich versucht, mich fest zu definieren, um mich von anderen abzugrenzen. Mein *Ich* nicht in der Menge an Möglichkeiten, die mir dieses Leben dankenswerterweise schenkt, zu verlieren. Wer bin ich noch, wenn ich für drei Tage lang alles ablege, was mich bisher ausgemacht hat? Was bleibt, wenn ich mein Leben bis hierhin, knapp 30 Jahre, für einige Zeit abstreife wie ein zu klein gewordenes Kleid? Ich mich für nur ein langes Wochenende damit begnüge, zu sitzen und zu schweigen?

Antworten habe ich viele gefunden in dieser Auszeit. Habe den nötigen Abstand gewonnen, raus aus den schwimmenden Millionen. Nicht mehr Isabell, sondern eine schleswig-holsteinische Möwe zu sein. Diese Möwe in mir hat sich kreischend erhoben, um von oben auf Vergangenes zurückzublicken. Das große Ganze zu sehen. Ihr Kreischen mischte sich mit dem Brüllen meiner inneren Bestie. Sie beide erreichten mich und rüttelten mich wach. Nun weiß ich, an welche Identitäten ich mich in letzter Zeit geklammert habe, in der Hoffnung, sie würden mir Sicherheit, Anerkennung und Liebe geben.

Diese intensive Zeit mit mir selbst gab mir den letzten Schubs, meine Geschichte und meine Erkenntnisse endlich aufzuschreiben und dem Werk einen Namen zu geben.

Fuck Identity!

Es geht um Identität. Deine, meine, unsere.

Was verstehe ich unter *Identität*? Identitäten sind Kreationen unserer Gedanken, Gefühle und Handlungen. Sie sind das Ergebnis unserer Erziehung, dem familiären Umfeld und dem gesellschaftlichen und moralischen System, in das wir hineingeboren werden. Einige Identitäten sind total angesagt und andere geraten aus der Mode. Identitäten sind Zeitgeist. Viele wollen Unternehmer*in oder Aktivist*in sein, als Hausfrau hingegen bezeichnen sich heutzutage weit weniger Frauen als noch vor vierzig oder fünfzig Jahren.

So wundervoll vielfältig wir auch sind, haben wir neben stärkenden auch destruktive Identitäten. Jene Identitäten, die unserem wahren Sein entsprechen und solche, die uns klein machen und belasten.

Immer wieder gelangen wir an Punkte in unserem Leben, an denen wir uns selbst hinterfragen. *Ich bin belastbar und schaffe alles.* Wir erkennen, wie leicht eine solche Identität zerbröseln kann. Wie ein trockener Keks, der zu lange in einer Schublade gelegen hat. Wir dachten, der Keks sei köstlich süß oder zumindest essbar, bis wir feststellen, dass er bei Berührung zu Staub zerfällt. *Bin ich doch nicht so belastbar und immer erfolgreich?*

So ist es auch in unserem Leben. Durch Erfahrungen, die wir machen, erkennen wir plötzlich, dass wir bisher eine Illusion gelebt haben. Einen Irrglauben über uns selbst für die Wahrheit gehalten haben. Es zerbröselt. Spürst du die Krümel zwischen deinen Fingern?

Lassen wir zu, dass die alte Identität sich auflösen darf, erkennen wir, was wirklich wahr ist. *Ich muss nicht immer alles schaffen. Ich darf auch mal Schwäche zeigen.*

Das Leben konfrontiert uns immer wieder mit der Frage: *Wie wahr ist eigentlich das, was du über dich selbst glaubst?*

Wenn wir ehrlich mit uns sind, erkennen wir, dass wir eine Illusion leben. Immer mal wieder. Niemand ist davor sicher und niemand ist schuld. Wir alle blenden uns von Zeit zu Zeit selbst.

Das, was wir waren und hatten, zerfällt. Aus alles wird nichts und nichts ist plötzlich alles, was wir noch haben. Wenn wir den Schmerz dieser Erkenntnis zulassen und fühlen, macht er Platz für das Licht, das in diesem Nichts strahlt.

Der Schmerz über das, was wir verlieren müssen, um die Wahrheit zu finden, ist Phantomschmerz. Dahinter lauert die Freude, uns selbst neu zu entdecken und uns weiter zu entfalten, wie ein Schmetterling, der schillernd aus seinem Kokon schlüpft.

Wir erkennen das Wunder unseres wahren Seins.

Was dich in diesem Buch erwartet

Erkenntnis entsteht durch Erfahrung. Ständig machen wir neue Erfahrungen, die *neue* Erkenntnisse hervorbringen und *alte* ablösen, korrigieren oder ergänzen. So sind wir immer im Wandel. Dieses Buch und jedes Wort darin ist eine Momentaufnahme meines Inneren. Fragst du mich morgen dazu, werde ich vielleicht ganz neue Erkenntnisse hinzuzufügen haben. Genau wie du.

Dieses Buch beruht nicht auf der einen zündenden Idee. Es brodelte vielmehr in mir wie ein Vulkan, der durch das Meditationswochenende endlich ausbrach. Meine feste Absicht war geboren, dieses Buch zu schreiben.

In *Fuck Identity!* teile ich tiefe Einblicke in meine vergangenen Jahre und gebe dir Impulse mit. Jetzt, nachdem ich meine inneren Wunden geheilt habe, kann ich davon erzählen. Mit dem Einblick in meine Geschichte möchte ich dich dazu inspirieren, den Mut zu fassen, deinen so einzigartigen Weg zu dir selbst zu gehen, den dir niemand zeigen oder gar abnehmen kann. Das ist deine Aufgabe und ein Geschenk zugleich – dein *Leben*.

Dieses Buch ist in vier Phasen gegliedert: *Illusion, Zusammenbruch, Neuordnung* und *Entfaltung*. Denn wie die Natur dem Rhythmus der Jahreszeiten und Gezeiten folgt, folgen auch wir natürlichen inneren Zyklen, die immer von Neuem beginnen. In meinem Leben habe ich diese vier Phasen aufgespürt, die sich stets zu wiederholen scheinen. Manchmal durchlebe ich alle vier Phasen innerhalb von einem Tag. Häufig dauert es jedoch Wochen und Monate.

Die Qualitäten der vier Phasen

Wir leben eine *Illusion*, das heißt, wir haben eine Überzeugung von uns, die sich schließlich durch einen *Zusammenbruch* als nicht mehr haltbar offenbart. Wir ziehen uns zurück und nehmen uns Zeit, den Schmerz zu fühlen und zu reflektieren. So erkennen wir, was wirklich hinter der Überzeugung steckt und was wir in Zukunft glauben wollen. Die *innere Neuordnung* beginnt. Diese bildet das sichere Fundament, um uns mit neuer Energie und Kreativität zu entfalten. Wie eben ein Schmetterling, der viel zu lange im engen Kokon gefangen war. Durch die *Entfaltung* können wir die gewonnenen Erkenntnisse integrieren und kennen unser wahres Selbst ein bisschen besser.

Diesen natürlichen Prozess durchlaufen wir in diesem Buch. Du wirst dich hier und da bestimmt wiedererkennen und wissen, in welcher Phase du dich gerade befindest. Manchmal wirst du aber auch nur den Kopf schütteln, weil du ganz andere Erfahrungen gemacht hast, als ich. Es gibt nicht die eine Wahrheit. Nimm für dich mit, was dir ein innerliches JA! entlockt.

Fuck Identity – weg mit der Mauer!

Wie entstehen destruktive Identitäten? Zum Beispiel durch eine Aussage, die uns verletzt hat oder eine Situation, die ungünstig verlaufen ist. Daraus bilden sich positive wie negative Überzeugungen, die wir über uns selbst glauben (*Ich bin klug!* oder *Ich bin nicht liebenswert!*). Einige von ihnen haben Menschen durch ihre Äußerungen in uns gepflanzt (*Du bist einfach eine Niete in Mathe!* oder *Dir steht die Welt offen, du kannst alles sein, was du willst!*).

Auch unsere Gesellschaft verpasst uns Identitäten. Angefangen bei Kategorien wie dem Geschlecht, der Herkunft, dem Ausbildungsgrad und dem Familienstand, die wir ohne unser Zutun zugeschrieben bekommen – ob wir wollen oder nicht.

Wir glauben das so sehr, dass wir unser Denken, Fühlen und Handeln danach ausrichten und so unsere Identitäten immer wieder bestätigt bekommen. *Es ist eben so und es war schon immer so.* Dabei sind destruktive Identitäten nie wahr. Wir sind keine fehlerhaften Wesen, sondern schon längst vollkommen. *Du bist vollkommen.*

Ich bin ...

Stein auf Stein baut die Identität eine Mauer in uns. Über die Jahre ist aus der kniehohen Gartenmauer eine zwei Meter hohe Grenzmauer geworden, die keinen Blick mehr nach draußen zulässt.

Diese Mauer ist erbaut auf dem Fundament eines einzigen oder gleich mehreren fiesen Sätzen, zum Beispiel:

Ich bin nicht gut genug.

Ich bin nicht klug genug.

Ich bin nicht schön genug.

Ich leiste nicht genug.

…

Identitäten schaffen harte Grenzen. Alles, was den beiden Worten *Ich bin* folgt, ist eine ziemlich starke Aussage, die uns Kraft gibt oder eingrenzt. Rechts, links, vorne und hinten umgibt sie uns. Kaum Platz zum Atmen. Kaum Platz zum Tanzen und Toben. Innerhalb unserer Mauer ist uns ein kleiner grüner Fleck geblieben. Immerhin bietet er Platz genug, einen Pool zu bauen oder einen Teich anzulegen. Für eine Weile können wir es uns hier gemütlich machen. Aber richtig frei bewegen ist für uns nicht mehr möglich. Schon gar keine Weltreisen. Wir bewegen uns innerhalb unseres begrenzten Kosmos.

Welche Identität möchtest du näher betrachten und loslassen? Formuliere hier dein „Ich bin …", das du durch die Reise mit diesem Buch wie eine Mauer niederreißen wirst:

Ich bin _____

Durch die hohen Mauern in uns brauchen wir eine Zeit, um herauszufinden, dass auch eine andere Realität existiert – jenseits der künstlich errichteten Grenzen. Dort liegt unsere wahre Natur. Wollen wir einen Blick wagen?

Scheiß auf Perfektionismus

Das *Fuck* in *Fuck Identity!* meint nicht, dass wir sauer auf allem herumtrampeln, was wir nicht mehr länger glauben wollen. *Fuck Identity!* ist ein Aufruf zur *liebevollen* Rebellion, die deine inneren Mauern zum Einsturz bringt.

Es ist wie mit der Berliner Mauer: Zuerst braucht es eine Rebellion, um sie fallen zu lassen. Danach wächst zusammen, was zusammen gehört. Ich bin ein Kind des Mauerfalls, im November 1989 geboren. Es fühlt sich an, als sei uns Kindern der Wende die Energie der Vereinigung in die Wiege gelegt.

In diesem Buch geht es mir nicht darum, dass du deine Identitäten verurteilst. Es geht nicht darum, nur positive *Ich bins* zu formulieren, denn das macht Druck, perfekt sein zu müssen und kann genauso destruktiv wirken wie negative Überzeugungen. Alles, was nicht in dieses perfekte Bild von dir passt, müsstest du in die hinterste Ecke deines Seins verbannen. Glaub' mir, darin war ich Meisterin. Aber dazu komme ich später.

Es geht nicht darum, nicht mehr zu denken oder zu fühlen: *Ich bin nicht gut genug.* Wenn du dir das verbietest, begrenzt du dich wieder künstlich, anstatt durch die Weiten deiner inneren Natur zu wandern. Es geht auch nicht darum, nie wieder mit Freude *Ich bin wundervoll!* zu sagen. Im Gegenteil, sag's dir!

Und letztlich geht es auch nicht darum, alle Identitäten abzulegen, denn das ist uns als (noch) nicht erleuchteten Wesen gar nicht möglich. Abgesehen davon könnten wir ohne Identitäten in unserem gesellschaftlichen System nicht bestehen.

Es geht darum, dir alle Gedanken und Gefühle zu *erlauben*. Nur du selbst kannst dir die Erlaubnis geben, dich nicht mehr dafür zu verurteilen. Und achtsam wahrzunehmen, wo du an einer Überzeugung festhältst, die dich begrenzt. Das zu erkennen und anzunehmen, ist der erste Schritt. Und der wichtigste, denn die Annahme von allem, was du gerade denkst oder fühlst, macht dich innerlich frei.

Frei.

Damit lösen sich bereits die ersten Steine aus deiner Mauer.

Frei.

Dir alle Gedanken und Gefühle zu erlauben, bereitet dich darauf vor, neue Samen zu pflanzen und so zu wachsen, wie es sich für dich gut anfühlt. Lass uns damit beginnen, Mauern einzureißen und die innere Natur in ihrer Weite zu erfahren.

Frei.

Doch für diese Freiheit braucht es häufig erst mal den Schmerz, der uns aus der Hängematte unseres Schrebergartens wirft und wach rüttelt.

Der Zusammenbruch

Mit dem Zusammenbruch beginnt eine schmerzvollen Phase, in die wir geraten, wenn wir uns über eine gewisse Zeit von uns selbst entfernt haben. Wir haben an eine Illusion geglaubt, sind in eine falsche Richtung gelaufen und haben nicht für, sondern gegen unser Wohl gehandelt. Wie wir bisher gedacht, gefühlt und gehandelt haben, ist uns nicht mehr dienlich, häufig sogar schädlich für uns.

Der Zusammenbruch ist vielmehr ein Aufbrechen unseres mentalen Panzers und gibt den Blick in unsere Innenwelt frei. Der Zusammenbruch wird so individuell erlebt, wie wir alle einzigartig sind. Er zeigt sich durch Wutausbrüche, Krankheit, im Rückzug unter die Bettdecke – oder auch ganz anders.

Allein mit der Bestie

Eben noch stand ich aufrecht in der Halle, bereit, den nächsten Schritt zu gehen. *Links, rechts. Heben, senken.* Jetzt zittern meine Beine und mein Fuß klebt am Boden vor Angst, der nächste Schritt könnte heute mein letzter sein.

Ich habe meine Gehmeditation unterbrochen und stehe inmitten von gehend meditierenden oder sitzend in sich versunkenen Menschen, die sich wie ich ins Abenteuer Vipassana gestürzt haben. Ein langes Wochenende verbringe ich in einem alten Bauernhaus, das zum Meditationszentrum umgebaut wurde.

Hier wird Vipassana nach der thailändischen Theravada-Tradition von Ajarn Tong Sirimangalo praktiziert. Eine im Westen verbreitete Form der thailändischen Achtsamkeits-Meditation, die weg von schmerzvollen Gedanken und hin zur Befreiung des Geistes führen soll. Ich fühle mich ziemlich weit weg von der Befreiung meines Geistes. Vielmehr zieht sich meine innere Gefängnistür ächzend auseinander und gibt den Weg frei für meine Bestie. Die wütende Bestie, die sich jetzt vor meinem inneren Auge zur vollen Größe aufbaut.

Befreiung des Geistes, pff, dass ich nicht lache. *Befreiung der hässlichen Fratze.* Jetzt grinst sie mich an und zischt:

Du bist ganz alleine auf der Welt. All die lieben Menschen in deinem Leben – sie werden sterben. All die geliebten Projekte, die du verfolgst – sie sind nicht von Dauer. All die Energie, die du für sie aufbringst, ist umsonst. All die schönen Momente, die noch auf dich warten – auch sie werden vergehen. Du bist alleine.

ALLES ist vergänglich. Die Erkenntnis prasselt auf mich ein wie Hagel, vor dem ich mich schützend zusammenrollen will. Der Bestie gefällt meine wimmernde Haltung, sie zieht ihre Kreise enger um mich. Und ich klammere mich innerlich an die Seele meines Mannes, sehe meine Mutter, meinen Vater, meine ganze Familie vor mir und flehe sie an, dass wir für immer zusammen bleiben müssen, über dieses Leben hinaus.

Vor zwei Monaten habe ich meinen Freund geheiratet. Nach einigen stressigen Wochen und viel zu viel Arbeit an meiner bevorstehenden Selbstständigkeit haben wir unsere Flitterwoche auf einem mecklenburgischen Gutshof im Freudentaumel verbracht. Während dieser Zeit glaubte ich, ich würde meine Zukunftspläne endlich gelassener nehmen und hätte aus meinem Zusammenbruch vor zwei Jahren gelernt.

Jetzt stehe ich hier. Im Januar 2020. Habe vorgestern meine Bürotür als Angestellte das letzte Mal hinter mir zugezogen und meinen Abschied mit Sekt gefeiert. Voller Euphorie und Übermut habe ich einen neuen Lebensabschnitt begonnen. Einen Abschnitt, der sich freier anfühlte als die kühnste Vorstellung von Freiheit, die ich mir schon so lange ausgemalt hatte. Eigentlich schon, seit ich als Schülerin in der 10. Klasse festgestellt habe, dass ich nie in einem Büro sitzen und für andere arbeiten will, sondern meine kreative Ader und meine Visionen für eigene Projekte einsetzen will.

Meine Knie werden weich. Mit meinem Schritt in die Selbstständigkeit dachte ich, alles erreicht zu haben, was ich mir mein halbes Leben lang gewünscht hatte. Vipassana sollte eine Einstimmung auf mein selbstbestimmtes Leben sein: *Intensiv meditieren, viel schweigen, wenig Ablenkung und dafür innere Ruhe genießen.* Eben eine inspirierende kleine Auszeit, bevor es dann voll und ganz an meine großen Pläne geht.

Eine schöne Vorstellung. Doch ich habe mich selten weiter entfernt gefühlt von einer inspirierenden Auszeit als jetzt.

Die innere Bestie hat sich zu meinen Füßen ausgestreckt und wartet gemächlich, dass ich vollends kapituliere. Meine Beine zittern. Ich kann nicht mehr lange aufrecht stehen. Tränen klopfen von innen gegen meine Augen. *Nein, ich weine jetzt nicht.* Obwohl das wohl niemand mitbekommen würde, denn jede*r ist in sich selbst vertieft und – wer weiß – hat vielleicht einen eigenen inneren Kampf auszutragen. Trotzdem laufen sie weiter rechts und links an mir vorbei.

Wie schaffen andere das eine Woche, zwei oder sogar noch länger? Ich fühle mich kindisch, dass ich schon am ersten Abend meines dreitägigen Schnupper-Vipassanas meiner zähnefletschenden Bestie begegne, die jetzt daliegt wie ein gefährliches Haustier. In Wirklichkeit bin ich ihr Haustier und willenlos unterlegen.

Ich fühle mich alleine. Alles, was ich bisher dachte, es würde mich ausmachen – meine Träume, meine Talente, meine Selbstständigkeit, meine Freunde und Familie – fühlen sich unglaublich weit weg an und ich schwebe in meinem ganz eigenen Kosmos. Ich fühle mich nackt, nichts ist mehr da, was mir wichtig ist. Nichts hat mich bisher mehr in Sicherheit gewogen als dieses Gefühl, Wertvolles im Leben zu *haben* und Wertvolles zu *tun*.

Gerade will ich loslassen und weinen oder beschließen, dass es doch nicht so schlimm ist und mich zusammenreißen – *links, rechts, links, rechts* – da öffnet sich die Tür zur Meditationshalle. „Isabell, kommst du bitte?" Mein Lehrer steht in der Tür und holt mich mit zwei anderen Vipassana-Teilnehmern zum Lehrer-Schüler*innen-Gespräch ab. Die Bestie marschiert mir voraus durch die Tür.

Super Timing.

Plötzlich verwandelt sich alles.

Wir verlieren den Boden unter den Füßen.

Nur um zu erkennen, dass der Boden eine Illusion war.

Der freie Fall...

... lässt uns auf die Wahrheit stoßen,

die uns wie eine weiche Wolke wieder

.

.

.

empor

trägt.

Der Zusammenbruch als Aufbruch

Der Zusammenbruch schleicht sich heimlich durch die Hintertür und wird zu unserem Schatten, der immer mächtiger heranwächst, bis wir ihn nicht mehr ignorieren können. Oder er überrascht uns an Ort und Stelle – und wir geraten plötzlich und unerwartet in diese schmerzvolle Phase. In meinen Zusammenbrüchen habe ich meist eine selbstzerstörerische Kraft wahrgenommen, die tief in mir auf die Fülle meiner Seele trifft, die nur das Beste für mich will. Zusammen schaukeln sie sich hoch. Wie eine riesige Welle, die über uns hereinbricht. Das Leben wirft sich als diese Welle vor unsere Füße, damit wir so nicht weitermachen können.

Wenn uns die Welle erwischt und wir darunter zusammensinken, ergießt sich das Wasser in ein tiefes, dunkles Meer in uns. Wir stellen (fast) alles infrage, verstehen uns selbst nicht mehr und plötzlich fällt uns schwer, was uns sonst so leicht von der Hand ging. Wir können Fassaden nicht mehr aufrecht erhalten und aus den feinen Rissen in unseren Masken werden klaffende Schlitze.

Als wir uns noch mit Affirmationen über Wasser gehalten haben,

du schaffst das schon,

stell dich nicht so an,

so ist es halt, wenn man erfolgreich werden will,

du brauchst das nur noch einmal machen ...,

da fiel der Job, die Kinder oder das berufliche Streben noch leichter. *Irgendwie*. Diese scheinbare Leichtigkeit wird davon geschwemmt und was bleibt, ist das rohe, verletzte und doch vollkommen perfekte Wesen. Unser Licht. Unsere Seele. Nenne es, wie du möchtest.

Diese Konfrontation mit dem Kern in uns macht Angst, doch kommen wir ihm nie so nah wie in den Phasen der Dunkelheit. Diese Phasen sind Türöffner.

Zusammenbruch meint für mich *Aufbruch*. Wir brechen innerlich auf und sind bereit, Tacheles mit uns zu sprechen, um ehrliche Antworten zu bekommen – denn da ist der plötzlich unverstellte Blick auf alles in uns. Das Meer hat die Tarnkappe weggeschwemmt, Licht scheint durch die Risse unserer Maske. Und wir haben die Chance zu erkennen:

Warum bin ich an diesen Punkt gekommen?

Wieso geht es mir so schlecht?

Was will der Schmerz mir sagen?

Und warum habe ich nicht früher schon hingeschaut?

Wozu diente mir die lange Zeit des Wegschauens?

In diesem puren Sein unseres Inneren zeigen sich Anteile, Stimmen in uns, die zu diesem Zusammenbruch geführt haben. Die Stimmen haben vielleicht immerzu gesagt:

Du musst leisten, um liebenswert zu sein.

Du musst gefallen, um akzeptiert zu werden.

Du hast Erfolg nur verdient, wenn du hart dafür arbeitest.

Deine Bedürfnisse sind nicht so wichtig, wenn es allen anderen gut geht.

Durch diese Stimmen sprechen die Erfahrungen und vor allem Verletzungen unserer Vergangenheit zu uns. Sie werden nun als kleine Anteile in uns sichtbar, die mit guter Motivation gehandelt haben – doch nicht zu unserem höchsten Wohl. Oder doch? Denn ohne die Dunkelheit, die sie über uns bringen, würden wir nicht erkennen, was uns wirklich guttut und wer wir wirklich sind.

Irgendwann einmal haben uns die Stimmen gedient. Sie haben unser Überleben gesichert. Und vielleicht auch schon das unserer Ahnen. Wir übernehmen diese Stimmen von weiblichen Vorfahren – unseren Müttern, Großmüttern und noch viel weiter zurück.

Wir übernehmen sie von unseren männlichen Vorfahren – unseren Vätern, Großvätern und noch viel weiter zurück. Sie haben Kriege erlebt, Entbehrungen, Leid, Unterdrückung und Missbrauch. Was mussten sie für Überzeugungen annehmen, um sich zu schützen?

Zum Beispiel:

Ich muss mich beschränken, um zu überleben.

Ich muss mich für meine Familie aufopfern.

Ich muss zufrieden sein mit dem, was ich habe.

Von den Glaubenssätzen unserer Vorfahren machen wir uns heute wohl kaum eine Vorstellung, denn unsere Generation hat diese Dichte an Kriegen, Leid und Umstürzen nie erlebt.

Lange überdauern diese weiter vererbten Stimmen, bis sie zu uns gelangen. Durch energetische und genetische Weitergabe oder durch die Prägung und Erziehung in frühen Kindheitsjahren.

Nehmen wir die Überzeugung *Ich muss mich beschränken, um zu überleben*. Diese innere Stimme lässt uns knausern und immer den Mangel sehen. Wir arbeiten hart und sparen, ohne wirkliche finanzielle Fülle zu erleben. Dabei wünschen wir uns diese Fülle so sehr und haben viele

Träume. Dann fangen wir an, unsere Träume aufzuschreiben, Affirmationen zu verinnerlichen – *Ich bin Fülle!* – und stellen irgendwann uns selbst infrage: Warum bleibt das gewünschte Ergebnis aus?

Unter den Kräften, die in uns kämpfen, brechen wir irgendwann zusammen, um in der tiefen Stille des Schmerzes endlich diese Stimme zu hören. Eine Stimme, die unseren Ahnen half – aber heute völlig überholt ist und uns nicht mehr dient. Wir erkennen, dass diese Stimme nicht uns gehört. Und dass wir viel mehr sind als das. *Wir* sind die Fülle, die wir suchen.

Dein Zusammenbruch

Welchen Zusammenbruch hast du zuletzt erlebt?
Welche destruktive Überzeugung hast du aufdecken können?
Wie hast du dich gefühlt?
Wie bist du daraus hervorgegangen?
Was hat sich seitdem verändert?

Meine Diktatorin

Ich bin erfolgreiche Autorin *und* erfolgreiche Unternehmerin. Aber bitte wirklich erfolgreich. Doch nur zu meinen Bedingungen.

Was für ein Quatsch.

Mit dem Einstieg in die nebenberufliche Selbstständigkeit hatte ich es mir zum Ziel gemacht, mit Disziplin an einer Sache, *für die eine Sache*, zu arbeiten.

Heute weiß ich, dass uns der Glaube und die Arbeit *für diese eine Sache* intolerant für andere Facetten in uns machen kann. Wer seinen Fokus jede freie Minute am Tag auf die berufliche Erfüllung legt, lässt alles andere im Dunkeln liegen. Bis das, was in der Dunkelheit lauert, schließlich aufbegehrt – und kraftvoll ins Licht unserer Aufmerksamkeit strebt. So wie meine Bestie während der Vipassana-Meditation.

Wenn wir stets nur eine Seite in uns fördern, ist es wie ein Lieblingskind zu haben und alle anderen zu vernachlässigen. Wir werden gnadenlos gegenüber allen anderen Wesenszügen in uns, die uns unserem Ziel scheinbar nicht näher bringen.

Partys, Filmabende und Familienbesuche versuchte ich auf *irgendwann einmal* zu verschieben. Ich dachte, dass sie mir Zeit und Energie rauben würden, um eine wirklich gute Autorin zu sein oder endlich erfolgreich mit meinem Coachingunternehmen zu werden. Entspannte Sonntage mit einem guten Buch auf dem Sofa erlaubte ich mir nicht, sondern arbeitete an Podcastfolgen und Blogartikeln oder verfasste Newsletter. Mit all diesen kleinen Schritten wollte ich weiter auf dem Weg voranschreiten, eine erfolgreiche Unternehmerin zu werden.

Erholung verdrängte ich für produktive Zeiten an meinem Schreibtisch. Meine Introvertiertheit versteckte ich vor der Kamera für die extravertierte Isabell. Kopfweh bekämpfte ich mit Schmerztabletten, um weiter kreativ am Laptop zu arbeiten. Nach außen wirkte ich wie die erfolgreiche Macherin, die ihre Vorhaben eines nach dem anderen verwirklichte.

Gleichzeitig wurde der nach Alleinsein schreiende Anteil in mir immer lauter. Er rüttelte an den Gitterstäben, hinter die ich ihn verbannt hatte.

Er machte sich bemerkbar, wenn ich nicht die gewünschte Resonanz auf meine Angebote erfuhr, eine Schreibblockade hatte oder Verlagsabsagen reinflatterten. Dann schlug meine Stimmung um. Ich wurde wütend oder traurig und fühlte mich wertlos.

Ich bin wohl noch immer nicht gut genug.

Ich muss noch härter arbeiten.

Freizeit erlaube ich mir erst, wenn ich mein nächstes Ziel erreicht habe.

Das war meine Wirklichkeit. Ich war völlig darauf beschränkt und saß in meinem eigenen Gefängnis. Meine innere Vollkommenheit hatte ich vergessen.

Mein Selbstwert hatte sich in einem schleichenden Prozess an das Erreichen meiner nächsten Ziele geheftet. Und so kamen immer neue Ziele aus dem Boden geschossen wie Pilze im feuchten Herbstwetter. Ich war aus dem Gleichgewicht geraten, hatte mich und meinen Wert von einer Identität abhängig gemacht, die wie eine Diktatorin alles andere in mir in Käfigen gefangen hielt. Ich wollte endlich finanziell gut von meiner Selbstständigkeit leben können und frei über meine Zeit entscheiden. Dabei hielt ich meine Zeit schon längst in einem Käfig gefangen. In Wahrheit hatte ich die freie Zeit, nach der ich mich sehnte. Doch nahm ich sie mir nicht.

Auf der Suche nach Liebe

Ein Teufelskreis, in dem sich viele erfolgreiche Menschen befinden: Sie bewegen viel, entwickeln neue Produkte oder kreieren Werke, angetrieben von dem Bedürfnis, durch ihre Leistung geliebt zu werden.

Als Kinder haben wir so die Aufmerksamkeit unserer Eltern gewonnen. Die Sehnsucht nach Liebe und Anerkennung spornt uns auch als Erwachsene weiter an. Ein wundervoll effizienter Antreiber, der in unserer Gesellschaft sogar noch belohnt wird – mit Auszeichnungen, Geld und Likes.

Doch das Problem bei diesem Streben nach Liebe: Die Sehnsucht wird nie erfüllt werden. Als würden wir in der Wüste stehen und ständig einen Regentanz aufführen mit dem Ziel, eine grüne Oase zu kreieren. Doch kurz darauf versickert jeder einzelne Regentropfen im durstigen Boden, der immer gleich trocken und sandig bleibt. Nie wird der Moment kommen, an dem wir erkennen, bereits genug geleistet zu haben.

Das Bedürfnis nach Liebe wird nie von außen, nur von innen gestillt werden.

Mit der Zeit fasste ich den Entschluss, ohne Mangelgefühl und stattdessen mit Freude zu arbeiten. Zu kreieren.

Mit Scheuklappen über meine energetischen Grenzen hinaus zu rennen

rennen

rennen

...

... ohne wirklich irgendwo anzukommen, das sollte endlich vorbei sein.

Stattdessen wollte ich mit offenen Augen durch mein Leben spazieren, neugierig und entspannt. Hand in Hand mit fantasievollen Abstechern. Denn die hatte ich schon lange nicht mehr gemacht.

Ein langer Weg lag vor mir und meine Identität, nur durch Leistung wertvoll zu sein, klammerte sich wie Gewichte an meine Füße. Meine innere Diktatorin wollte nicht so einfach aufgeben.

Dann erschütterte mich ein inneres Erdbeben, durch das meine Gitterstäbe brachen und alles Unerwünschte sich seinen Weg an die Oberfläche bahnte. Die Illusion, in der ich bis hierhin gelebt hatte, löste sich von mir.

Mein Erdbeben

In meiner Kindheit und Jugend habe ich mich nicht allzu abhängig von meinen Zielen gemacht. Ich konnte sie schnell loslassen, zum nächsten springen und dabei die größte Freude empfinden. Der Weg war mein Ziel.

Früh wusste ich, was mein Weg sein wird. Dass ich Autorin werden würde. Darüber gab es für mich nichts zu streiten. So wird es sein. Das musste ich auch nicht 3764 Mal als Ziel zu Papier bringen, auf mein Visionboard kleben oder in Meditationen vor meinem inneren Auge sehen. Ich wusste es einfach tief in mir, es war Teil meines Seins, meiner Aufgabe in diesem Leben. Untrennbar mit mir verbunden. Es entsprang der unendlichen Quelle in mir. Schreiben würde mein Selbstausdruck sein.

Doch in der Studienzeit kehrte der Ehrgeiz aus meiner Abiturphase um ein Vielfaches zurück, denn jetzt ging es um was. Um eine diffuse Zukunft, die vor mir lag wie eine Waldlichtung kurz vor dem Morgengrauen. Noch finster. Noch keine Klarheit des Morgens in Sicht. Im Studium ging es um die Vorbereitung meiner späteren Laufbahn, auch wenn ich mir nicht vorstellen konnte, lange Zeit in einem Büro Karriere zu machen. Doch den Wunsch, Autorin zu werden, hatte ich vergessen. Nach dem Studium hielt ich es zwei Jahre in Vollzeit-Festanstellungen aus. Die Sehnsucht nach freier Entfaltung war groß, der Wille, es zu schaffen, auch. Dann wechselte ich in einen Teilzeit-Job und machte mich als Coachin nebenberuflich selbstständig. Ich steuerte auf die maximale Kontrolle meines Lebens zu, heftete mich immer mehr an meine Identität der erfolgreichen Macherin. Meine Ziele waren plötzlich mein Kompass durchs Leben.

Im Frühjahr 2018 fuhr ich für einige Termine nach Berlin. Dafür hatte ich mir drei Tage Urlaub von meinem Job in der Unternehmenskommunikation genommen. Drei volle Tage lagen also vor mir, die mein

Coachingunternehmen voranbringen sollten. Ich saß gerade im Frühstücksraum des Hotels und ging die vielen Termine für den Tag durch, da wurde mir plötzlich schwindelig. Ich hatte schon den ganzen Morgen gespürt, dass etwas nicht stimmte. Das letzte, an dass ich mich heute erinnere, ist die Mutter, die ihrem Sohn beim Brötchenschmieren half und ihm auf Spanisch etwas zu erklären schien. Er saß mir gegenüber und grinste mich verschwörerisch an, wie es Siebenjährige zum Zeitvertreib taten.

Als ich in meinem Hotelzimmer wieder zu mir kam, zwei Sanitäter packten meine Tasche für mich, tat mir der kleine Junge leid. Er musste einen Schreck bekommen haben, als die 28-jährige Frau im dunkelblauen Blazer die Augen verdrehte, vom Stuhl kippte, sich den Kopf am Nachbarstuhl aufschlug und am Boden ein paar lange Sekunden zitterte, bis sie in einen friedlichen Schlaf überging, als sei nie etwas gewesen. So oder so ähnlich stelle ich mir meinen Anfall vor. Genau weiß ich das nicht, ich war ja nur körperlich anwesend. Wer weiß, wohin der Rest von mir entflohen war.

Wahrscheinlich schwebte ein Teil von mir über meinem Körper und sah diesen bebenden Leib unter sich, der sich von all den unterdrückten Gefühlen freischüttelte. Und dieser Teil von mir, der über allem schwebte, war nicht schockiert oder mitleidig, nein. Er lächelte mir anerkennend zu und sagte: *Endlich.*

Der Hilferuf meiner Seele stieß damals endlich auf offene Ohren und ein offenes Herz. Als mein Bewusstsein zurückkehrte, saß ich auf meinem Bett im Hotelzimmer. Die Sanitäter nahmen mich mit ins Krankenhaus, obwohl ich ihnen zuflüsterte, noch Termine zu haben, bevor mein Zug am Nachmittag zurück nach Hamburg fuhr. Doch ich war zu schwach, um weiter an meinem Terminplan festzuhalten.

Im Krankenhaus Charlottenburg starrte ich an die Decke, schlief, wachte auf, starrte wieder, schlief. So ein Anfall ist ziemlich anstrengend für Körper und Geist. Wie ein Marathonlauf der Zellen. Ein Erdbeben der Muskeln, die sonst so brav zurückhalten, was sich im Anfall seinen Weg bahnt. Hier im Bett konnte ich mich nun nach und nach daran erinnern, was sich im Frühstücksraum des Hotels ereignet hatte. Der kleine Junge, die Mutter, meine To-Do-Liste für den Tag, Spanisch, Brötchen, die Frau an der Rezeption, die mich fragte, wie ich mein Frühstücksei essen will. *Weich oder gut durch?*

Alles tauchte in Fragmenten vor mir auf. Das haben epileptische Anfälle so an sich – sie schenken ein nettes Blackout. Inklusive Kater am nächsten Tag, der bei mir Wochen andauern sollte. Meine Gehirnzellen mussten sich erst neu ordnen, doch dieses Mal merkte ich, dass es nicht allzu viele erwischt hatte. Nicht wie beim ersten Anfall.

Meinen ersten epileptischen Anfall hatte ich als Studentin nach der Trennung von meiner Jugendliebe. Bereits als Zwölfjährige prasselten die Worte des Arztes, der die Diagnose *Abscence Epilepsie* stellte, auf mich herab wie fremde Sterne, die nicht in meinen Kosmos passten.

Bei meinem ersten richtigen Anfall litt mein Spracharesal. Ich machte plötzlich Reichtschreibfehler in meinen Projektarbeiten für die Uni und musste lange überlegen, bis ich mich erinnerte, wie man dieses oder jenes Wort buchstabierte. Die toten Zellen wurden nach und nach durch neue ersetzt und alte Verbindungen wiederhergestellt – das Wissen kehrte zurück. Ich reparierte mich selbst, innerlich und äußerlich. Am schnellsten wichen die Beulen am Kopf und an den Beinen neuer, gesunder Haut.

Der Zusammenbruch als Lehrer

Zwei Wochen nach dem Zusammenbruch in Berlin lag ich noch immer auf dem Sofa und hing meinen Gedanken nach. Ich war krankgeschrieben, völlig antriebslos, leicht depressiv. Das kannte ich gar nicht von mir. Sonst war ich doch voller Energie und Lebensfreude. Voller Ziele und dem eisernen Willen, sie zu erreichen, damit ich endlich jemand war. Die Identität als schickes Kleid, in das ich endlich hineinpassen wollte.

Als sich das Ende meiner Krankschreibung näherte und ich mich langsam wieder vor die Tür wagte, fasste ich einen Entschluss: Ich ziehe dieses Kleid aus, das wie ein Korsett mein unendliches Licht einzuschnüren versuchte. Irgendwo tief in mir musste etwas sein, das unendlich war. Licht ist unendlich, Energie ist unendlich. Es ist nicht irgendwann plötzlich verpufft, sondern *immer* da. Dieses Licht kannte ich aus meiner Kindheit und Jugend.

Lange Zeit habe ich nur Liebe für meine Ziele und meine berufliche Mission gefühlt. Ich hatte mich in etwas im Außen verliebt, anstatt in mich selbst.

Ich mache mich auf den Weg zu meinem wahren Selbst. Vieles von dem, was ich unbedingt sein wollte – erfolgreich, mit Mehrwert für die Welt, kreativ, nachhaltig, voller Selbstvertrauen, Schwester, Freundin, Tochter und Coachin – musste ich jetzt loslassen. Ich musste alte Identitäten zerbröseln wie Brotkrumen und an die Tauben verfüttern. Und so den Weg frei machen für das wirklich Echte, was noch verborgen lag.

Ich wusste auch: Nie wieder werde ich meinen Willen, etwas zu erreichen, über mich selbst stellen. Über meine Gesundheit. Über dieses innere Licht. Ich verstand, dass ich schon seit meinem Studium angefangen hatte, mich zu überarbeiten. Ich habe mich taub gearbeitet. Meine Gefühle betäubt, die sich nach Chaos, Freude, Genuss und Langeweile sehnten. Ich hatte meine Bedürfnisse betäubt, meine wahren Wünsche betäubt. Immer mal wieder war ich für einen kurzen Moment klar, bis ich mich wieder in die Taubheit trieb. Wie eine Drogenabhängige. Ja, Stress und Arbeit waren meine Droge, denn sie kontrollierten mich und ich sie. Das war eine sichere Nummer. Doch um was zu erreichen? Vielleicht das Gefühl, es endlich " geschafft zu haben"? Was eigentlich? Das *Leben* geschafft zu haben?

Auf dem Sofa in die schützende Decke gewickelt, fing ich an zu lernen. Mir selbst ungeschminkt zu begegnen, ohne jede Identität, die mich groß und wichtig fühlen lässt, wie mein Titel oder mein materieller Erfolg. Ich war am Boden angekommen, hier gab es nichts mehr zu bewahren. Ich hatte keine Kraft und keine Lust mehr, die Maske für den schönen Schein zu tragen.

Letztlich sind wir genau dafür hier, und das dürfen wir alle auf die ein oder andere Art und Weise lernen – oder besser: uns zurückerinnern. Wir haben dieses eine Leben lang Zeit, von Misstrauen ins Vertrauen zu kommen, von der Kontrolle in die Hingabe. Wir haben dieses Leben lang Zeit, uns zwischen diesen scheinbaren Gegensätzen hin und her zu bewegen und zu erkennen, dass alles seine Berechtigung hat und nur vorübergehend ist.

Wir sind hier, um uns daran zu erinnern, dass wir bereits vollkommen sind, dass wir keine volle To-Do-Liste brauchen, um uns wertvoll zu fühlen. Wir dürfen uns daran erinnern, dass unser Lebensweg kein Weg des Kampfes ist. Sondern ein Weg des Tanzes.

Das Leben ruft uns kontinuierlich dazu auf, die Kontrolle loszulassen und uns ihm hinzugeben. Mich hat es geschüttelt, stürzen und benommen am Boden liegen lassen – eine gewaltsame Hingabe. Ein unkontrollierbares, inneres Erdbeben, um Lava über all das fließen zu lassen, was endlich gehen darf. Dafür ist die Epilepsie in mein Leben gekommen, als lehrreicher Besucher, nicht als ständiger Begleiter. Ich *bin nicht* Epileptikerin, ich *habe* Epilepsie.

Wenn ich an meine Teenagerzeit zurückdenke, kann ich nur liebevoll den Kopf schütteln darüber, wie viel Energie ich verschwendet habe, die Epilepsie zu hassen und in einer dunklen Ecke tief in mir zu verstecken. Heute bin ich dankbar für die große Inspiration, die sie mir schenkt – und den großen Wandel in meinem Leben. Durch die Erfahrung der Epilepsie habe ich nicht an Lebensqualität verloren, sondern gewonnen. Denn durch sie ist die Illusion von mir abgefallen und hat mir den Blick freigegeben auf mein Innerstes.

Bin ich heute immer in Verbindung mit meiner unendlichen Quelle in mir, frei von belastenden Identitäten? Natürlich nicht! Das hat sich mir in der Vipassana-Meditationshalle wieder offenbart. Und das wird nicht der letzte Moment gewesen sein, in dem ich aufwache und merke, wie ich mich wieder einmal von meinem inneren Licht habe ablenken lassen.

Genau das ist unsere Aufgabe: den Tanz zwischen außen und innen zu tanzen.

Deine Gesundheit wahrt deine Grenzen.

Wer kennt den Sinn des Lebens?

Alles was da draußen über den Sinn des Lebens kursiert, sind menschliche Mutmaßungen, denen wir irgendwann geglaubt haben und folgen – oder auch nicht. Meinungen und Prophezeiungen. Auch ich kann nur Behauptungen aufstellen, die sich für mich wahr anfühlen. Doch ich weiß, dass ich nicht die ultimative Wahrheit habe. Im Laufe meiner Reise durch dieses Leben habe ich immer wieder alte Wahrheiten gehen und neue kommen lassen.

Soziale Medien machen es leicht, per Klick innerste Überzeugungen mit vielen Menschen zu teilen – und auch noch in schönen Bildern und Videos zu verpacken. Doch darin liegt die Gefahr, dass wir ungefiltert für wahr befinden, was wir lesen, hören oder sehen. Eine dieser kritischen Phrasen, die mir auf Instagram immer wieder begegnet, ist folgende:

„Wir sind doch dafür hier, um richtig erfolgreich zu sein und mehr als 10.000 Euro im Monat zu verdienen, anstatt nur rumzuhängen. Nutze dein Leben, mach was draus!"

Und diese: *„Du bist hier, um so viele Menschen wie möglich zu inspirieren. Zeig dich. Sei ein Vorbild. Lass dein Licht so hell leuchten, wie möglich!"*

Ja, finanzielle Fülle oder eine Inspiration für andere Menschen zu sein, ist toll. Leuchtendes Licht auch. Doch diese teilweise totalitären Aufforderungen üben Druck auf uns aus und regen den Vergleich mit anderen an.

Es macht dich frei, wenn du dir bewusst machst, dass du es nicht *musst*. *Du musst gar nichts.* Lange habe ich unbewusst die Meinungen anderer für meine gehalten. Ziele anderer zu meinen gemacht. Nicht, weil ich keine eigenen hatte. Sondern weil die fremden Worte so magisch klangen und sie ja scheinbar Erfolg damit hatten – wieso sollte das also nicht auch für mich richtig sein?

Es ist aber nicht Zweck deiner und meiner Existenz, dem zu folgen, was andere für ihre Wahrheit halten.

Keine höhere Macht, wenn es sie denn gibt, hat sich je gedacht: *Das menschliche Leben ist dafür da, finanziell richtig erfolgreich zu werden oder so viele Menschen wie möglich zu inspirieren.* Verstehe mich nicht falsch, es ist nichts dabei, diese Ziele zu verfolgen.

Doch vielmehr würde diese höhere Macht über unseren Lebenssinn wohl Folgendes äußern: Das menschliche Leben ist dafür da, sich an den wahren Wesenskern zu erinnern, das unendliche Licht in dir, was dich liebevoll begleiten und über dein Leben hinaus weiter existieren wird.

Der Lebenssinn besteht in etwas viel Tieferem als finanziellem Erfolg oder Mehrwert für die Welt zu schaffen. Doch lebst du im Einklang mit deinem Lebenssinn, kann genau das zu dir kommen: Erfolg oder dass du zum *Leuchtturm* für andere Menschen wirst. Doch das ist nie das Ziel, sondern eher die Konsequenz, wenn du deinem wahren Weg folgst.

Stell dir vor, es gibt keinen höheren Sinn, warum wir hier sind. Sondern wir sind hier, um zu leben, zu genießen und das Leben mit Haut und Haar zu erfahren. Wir sind hier, um auf Mutter Erde wertschätzend miteinander zusammenzuleben. *That's it.*

Wie fühlt sich diese Vorstellung an? Befreiend? Beruhigend? Einfacher, als du vielleicht gedacht hättest?

Für mich hat diese Einstellung etwas Befreiendes. Es gibt nicht den *ultimativen* Sinn. Einfach zu leben ist Sinn genug.

Häufig suchen wir Antworten in bereits existierenden Konzepten vom Sinn des Lebens. Sei es in Kunstwerken, Religionen, Lehren, Methoden oder wissenschaftlichen Erkenntnissen. Viele Bücher, Serien und Filme versuchen weitaus größere Gründe zu finden, warum wir hier sind.

Doch jede Erklärung hat ihre *Grenzen*. Jede Weltansicht, jede Methode, einen Sinn zu finden, kann nicht alles erklären. Sie alle haben Grenzen. Ein einfaches Beispiel sind die Weltreligionen, die ihre Gemeinsamkeiten haben und sich doch voneinander abgrenzen. Sogar so sehr, dass deren Vertreter*innen genaue Seiten- und Zeilenangaben machen und aus ihren Büchern zitieren können, was sie von anderen Religionen und Ansichten unterscheidet. Im Namen dieser Unterschiede wurden und werden Kriege geführt.

Dabei gibt es wahrscheinlich nicht die eine Wahrheit. Die Frage nach dem Sinn wird wohl immer eine Frage bleiben. Und wenn es eine Antwort gibt, werden wir als Menschen sie wahrscheinlich nie in Gänze erkennen können. Weil sie alles umfasst und damit außerhalb unserer Vorstellungskraft liegt. Doch es gibt immer wieder Momente, in denen wir diese Wahrheit in uns spüren können.

Ich weiß nicht, was wahr ist. Doch ich glaube, wir haben das Bedürfnis, mit menschengemachten Konzepten dem Leben eine höhere Bedeutung zu verleihen – um letztlich uns selbst mehr Bedeutung zu geben.

Die Wahrheit kann nie zwischen zwei Buchdeckeln geschrieben stehen. Aber sie kann in einem Moment erfahren werden – besonders in einem Moment, den wir nicht planen können, den wir nicht bewusst hervorrufen können. Der uns überrascht. Wahrheit will lebendig *gefühlt* werden, in dir, in mir, in uns.

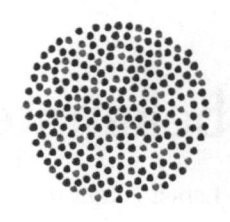

Nichts in deinem Leben gehört dir für immer.

Worüber du dich definierst,
   löst
         sich
              irgendwann
                      auf.

Dennoch bist du nie allein.
Dir bleibt alles,
was wirklich wichtig ist.

Liebe das Unbekannte

Wie oft habe ich mich vom Leben schon *nicht* gesehen, *nicht* geliebt oder *nicht* wertgeschätzt gefühlt? Auch heute ertappe ich mich dabei, Situationen negativ zu bewerten, aufbrausend zu reagieren oder mich als Opfer zu fühlen.

Die wohl schwierigste Übung, mit der wir täglich konfrontiert sind: Zu verstehen, dass vermeintliche Probleme gerade *für* uns passieren und nicht gegen uns.

In dem Moment, in dem wir leiden, traurig oder wütend sind, erkennen wir das nicht. Die Wogen der Emotionen müssen sich glätten. Wenn die vielen Gedanken wie aufgewirbelte Sandkörner langsam wieder zu Boden sinken, sehen wir klarer.

Die Wellen, die in uns hochschaukeln, werden von unserem Schmerz dirigiert. Doch wo Schmerz ist, ist auch Heilung. Schmerz und Heilung arbeiten Hand in Hand. All das Leid, das wir erfahren, passiert für uns. Es passiert nicht zufällig.

Das Leben will uns damit nicht ärgern. Es hat sich mit unserer Seele verbündet, um uns durch jeden Tag und jede Erfahrung wachsen zu lassen. Lassen wir das zu, entfalten wir uns umso mehr.

I found my love in the great unknown heißt es in einem Song von der Band Mighty Oaks. Im Refrain tauchen zwei wichtige Fragen auf:

Will I do things the right way? (...) Can I learn to surrender?

Mache ich es richtig? (...) Kann ich lernen, mich hinzugeben?

Wir können nie ganz sicher sein, den Herausforderungen in unserem Leben *richtig* zu begegnen. Richtig zu denken, zu fühlen und zu handeln.

Was ist überhaupt *richtig*? Was bedeutet das? Es ist abhängig vom Kontext und der Person, die bewertet – *richtig* oder *falsch*. Von diesem Konstrukt können wir uns getrost verabschieden. In Wahrheit ist alles so, wie es eben ist. Es existiert.

Im Rückblick wird es immer etwas geben, das wir hätten besser machen können. Doch in jenem Moment haben wir unser Bestes gegeben. Was solls? Wer richtet über uns? Niemand – außer wir selbst. Und das wahrscheinlich viel zu oft.

Also ja, wir können lernen, uns hinzugeben und dem Leben zu vertrauen, dass es einen guten Plan verfolgt.

Der Zusammenbruch ist ein Aufbruch und damit ein wahres Geschenk. Er bringt uns in zuvor unbekannte Gefilde unseres Inneren. Wie es uns innen durchschüttelt, zeigt es sich auch in unseren Lebensbereichen durch Chaos, Stagnation oder Konflikte. Denn Innenwelt und Außenwelt sind ständig verbunden und beeinflussen einander.

Alles gerät aus den Fugen. Wo wir sonst über die Autobahn unseres wohlbekannten Lebens heizten – im Kofferraum unsere sorgsam verstauten Identitäten – finden wir uns jetzt plötzlich auf einem holprigen Feldweg wieder, der uns ins Nirgendwo zu führen scheint. Hier können wir nicht mehr schnell fahren, Straßenkarten existieren keine. Alles, was uns jetzt hilft, ist das Vertrauen in uns selbst und das Wissen, das alles vorübergeht. Dass wir irgendwo ankommen werden. Kein Zustand ist von Dauer. Genau genommen gibt es keine Zustände im Leben, sondern nur Phasen – denn alles ist in Bewegung und befindet sich im Übergang zur nächsten Phase.

So schlimm der gegenwärtige Moment auch scheinen mag, es geht vorüber.

Nun ist es Zeit für die Phase, die dem Zusammenbruch vorangeht. Was passiert, bevor wir in die Knie gehen?

Die Illusion

... ist eine selbst kreierte Wirklichkeit, die nicht der Wahrheit entspricht. Diese *Täuschung* fußt unter anderem auf inneren Überzeugungen über uns selbst - unseren Identitäten. Wir leben in dem Glauben, sie träfen zu, zum Beispiel: *Ich bin nicht beziehungsfähig* oder *Ich muss nur noch härter arbeiten, um endlich befördert zu werden.*

Es kann durchaus bequem sein, mit dieser Illusion zu leben. Bis zu einem gewissen Punkt, an dem ein Auslöser in unserer Innen- oder Außenwelt die Täuschung offenbart. Plötzlich bemerken wir, dass wir eine Illusion für die Wahrheit gehalten haben und dass es so nicht weitergehen kann. Wenn wir genau hinschauen, erkennen wir in uns die Wahrheit, die unter der Illusion ans Licht strebt. *Endlich.*

Doch vorher kommt häufig erst die Dunkelheit.

Wir Suchenden

Stunden bevor ich zitternd in der Meditationshalle stehe und mich als die einsamste Frau der Welt fühle, sitze ich am Schreibtisch und arbeite. Will unbedingt letzte To Do's auf meiner Liste abhaken, bevor ich mich auf dieses Wochenende einlasse. Ich will fertig werden mit *etwas*. Ja, aber mit was eigentlich?

Sind wir eigentlich jemals *fertig*? Ich muss lächeln, wenn ich diesen Abschnitt lese, der erst ein paar Monate alt ist und sich doch so fremd anfühlt, als gehöre er einer anderen Frau.

Ich sitze also in meinem Büro und wünsche mir insgeheim, meinen Laptop endlich zuklappen zu können und meine Tasche fürs Wochenende zu packen. Es ist dieser Teil in mir, der mich nicht antreibt, sondern mich ankommen lassen will.

Während ich die letzten E-Mails tippe, wünsche ich mir, *fertig* zu sein. *Fertig* mit dem Schreiben. *Fertig* mit den drei Tagen Auszeit. Ich freue mich schon auf das Ergebnis, das Gefühl, *fertig* mit dem Meditieren zu sein, bevor ich überhaupt meine erste Minute in Stille verbracht habe.

Warum fliehen wir uns von Tag zu Tag in das Ziel, mit irgendwas *fertig* zu werden? Wenn wir mal ehrlich sind, werden wir nie ganz *fertig*, selbst mit dem Tod sind wir nicht fertig mit dem Leben.

Wie so häufig klappe ich kurz vor knapp meinen Laptop zu, packe meine Sachen zusammen und hetze zum Bahnhof. Dort wartet Marie, meine Mitfahrgelegenheit. Gemeinsam sammeln wir Anne ein. Unser Ziel: An einem Wochenende wollen wir, weit weg vom Alltag, zu uns selbst kommen. Wir fahren Richtung Bauernhof und lernen auf der Fahrt unsere Träume und

Wünsche kennen. Jede von uns hat einen triftigen Grund, der sie dazu bewegt, Haushalt, Kind, Mann und To Do's hinter sich zu lassen und für drei Tage auszusteigen.

Marie, die Fahrerin, entpuppt sich als spiritueller Junkie: Es gibt nichts, was sie noch nicht ausprobiert hat - bis auf Vipassana. Sie liebt das Singen von Mantren, ist regelmäßig auf Yoga-Retreats und genießt besonders das Schwitzen beim Bikram-Yoga. Aufgeregt spricht sie von ihrer täglichen Morgenroutine und wie sie schon ihren Kindern, drei und sechs Jahre alt, das Meditieren beibringt. Ihr Blinker tickt ständig, wir schlängeln uns in ihrem kleinen Polo von rechts nach links und von links nach rechts auf der zweispurigen Autobahn. Raus aus der Großstadt. Obwohl wir keinen Zeitdruck haben, fahren wir so schnell wie die anderen Autos durch den Verkehr. Jeder will möglichst schnell zuhause sein und sein Wochenende einläuten.

Ich spüre Maries Suche, die vor keiner Methode und keiner Lehre Halt macht und damit so rastlos ist wie das Gaspedal ihres Polos.

Anne ist Maries beste Freundin. Sie sitzt neben ihr auf dem Beifahrersitz. Ich kann ihre vollen Lippen im Profil sehen, roter Lippenstift, eine hübsche Frau, die wir im alternativen Szeneviertel St. Georg abgeholt haben. Ihre Schuhe hat sie ausgezogen, ihre Beine zu sich auf den Sitz gezogen. Ihre nackten Füße auf dem Armaturenbrett. Sie lehnt sich an und sieht aus dem Fenster. Felder ziehen vorbei, ihr Blick ruht immer auf dem, was sich als nächstes durch die kleinen Fenster zeigt. Sie will einfach mal was anderes erleben, offenbart sie sich uns. Entschleunigen vom Partyalltag, das sucht sie im Vipassana. Wir halten an einer Tanke, wo Anne ein letztes Mal raucht, während Marie Benzin nachfüllt.

Das Wochenende beginnt mit einem späten Mittagessen. Spaghetti mit Tomatensauce, dazu frischer Parmesan. Fünfzehn Leute sitzen um zwei Tische, die Gespräche werden immer lauter, die Vorfreude steigt und der Wunsch, die Meditationspartner*innen kennenzulernen, treibt uns voran.

Eine Stimme in mir ermahnt mich dazu, so viel wie möglich zu essen, denn die Pasta soll das letzte sein, was wir heute zu uns nehmen. Vom Schokopudding, der den besonders Hungrigen zum Abendessen serviert werden wird, mal abgesehen.

Und so hänge ich wenig später mit Pastabauch im Eröffnungsritual, mit dem wir unser Schweigen beginnen und Smartphone, Netflix, Büchern und allem anderen abschwören, was unsere Aufmerksamkeit zurück nach außen lenkt. Meine Augen wollen sich schließen, mein Magen verdauen, doch ich habe noch zehn Minuten Gehmeditation vor mir, bis mein Timer klingeln wird. Dann kann ich mich aufs Kissen fallen lassen, um mit der Sitzmeditation fortzufahren.

Sekundenschlaf begleitet mich die erste Stunde. Immer wieder nicke ich ein und schrecke kurz darauf wieder hoch. Ich spüre schon in den ersten Stunden: Wenn alles geht, was mich im Alltag von mir selbst ablenkt, mache ich mich wirklich leer. Es bleibt ein leeres Gefäß in der Brust. Ein Krug. Der eigentlich gar nicht so leer ist, doch wenn er sonst im Alltag durch das, was ich reinfülle, um mich abzulenken, übersprudelt, wirkt er in der Stille plötzlich gähnend leer. Die nächsten Stunden und Tage werden mir zeigen, dass sich meine Augen langsam an das schwarze Nichts in mir gewöhnen. Dann werden sie in diesem leeren Krug in meiner Brust doch noch etwas entdecken. Der Krug füllt sich vom Boden aus. Von innen. Es scheint wie heilendes Wasser, das aus dem Nichts zu fließen beginnt.

Meine Euphorie über diese Erkenntnis wird mich beflügeln, bis zum Ende durchzuhalten. Doch das weiß ich jetzt noch nicht. In diesem Moment weiß ich nur, dass ich mich am liebsten auf das schmale Bett legen würde, das mir im Mehrbettzimmer zugeteilt wurde. Ich ahne auch nicht, dass ich an diesem Abend noch die innere Bestie entfesseln werde. Ich habe ja keine Ahnung, dass sie überhaupt existiert ...

In den kommenden Tagen wird die Illusion langsam bröckeln wie die Farbe von einer Mauer, die zwar in die Jahre gekommen ist, sich aber noch mit letzter Kraft gegen die Zeit stemmt.

Was ist eigentlich wirklich wahr?

Im Laufe der Zeit habe ich mich immer häufiger gefragt, ob meine Identität, nur mit harter Arbeit eine erfolgreiche Unternehmerin sein zu können, und dadurch Anerkennung zu erfahren, wirklich wahr ist. Was ist, wenn das nur *eine* Wirklichkeit ist? Eine *"falsche"* Wirklichkeit, eine *Illusion*?

Was ist, wenn Identitäten wie diese nur Kleidungsstücke sind, die wir für eine gewisse Phase oder die Dauer unseres Lebens tragen und spätestens mit unserem Tod abstreifen wie ein zu klein gewordenes Outfit? Vielleicht sind diese Identitäten nur Outfits der Saison und werden schon in der nächsten Saison durch neue ausgetauscht?

Was ist, wenn das, was von uns bleibt, wenn das irdische Leben vorbei ist, gar keine solchen Identitäten mehr besitzt? Die Seele, unsere Konstante über unendlich viele Leben hinweg, wird in ein Leben geboren - und damit in ein menschliches Gewand gekleidet. In jedem neuen Leben trägt die Seele ein anderes Kleid (oder Anzug oder was immer du an dieser Stelle einfügen möchtest). Mal eines, das ihr viel zu klein ist und mal eines, das sich leichter tragen lässt. In beiden Fällen lebt die Seele dieses Leben in jenem Kleid, um wichtige Erfahrungen zu machen und daran zu wachsen. Das ist gar keine so schlechte Erfindung, oder? Doch leider verwechseln wir allzu häufig das Kleid, das wir tragen, mit der Seele selbst. Mit der Geburt in dieses Leben vergessen wir die Unendlichkeit der Seele. Verlieren den Kontakt zu ihr.

Doch wenn wir aufmerksam den Blick nach innen richten, können wir vielleicht erkennen, dass unsere äußere Schicht nur Illusion ist. Erbaut auf Gedanken, die nicht wahr sind. Wir müssen destruktive Identitäten nicht ein Leben lang tragen. Wir können sie abstreifen, wenn wir wollen.

Wo Klarheit ist, ist Illusion.

Wo Wahrheit ist, erfahren wir Täuschung.

Um das Licht der Erkenntnis
in uns leuchten zu lassen,

brauchen wir zuerst die Illusion.

Danke Illusion, dass du hilfst,

die Wahrheit

– ANS LICHT –

zu bringen.

Problemfreie Zone

Es gibt keine Probleme. Kein Mann im Mond, keine Frau auf einem fremden Stern und auch keine Kollegin, Freundin oder Partner versucht, dir das Leben schwer zu machen. Nicht eine Sekunde lang.

Zwar scheinen uns im Alltag immer wieder Probleme zu begegnen, die es zu lösen gilt. Herausforderungen, die wir bewältigen wollen. Was wäre, wenn wir mal nicht versuchen würden, diese "Probleme" zu lösen? In Wahrheit treffen wir nur auf Situationen, die einfach existieren, bis wir sie bewerten. Es klingt radikal, doch seit ich mir bei jeder nervigen oder aufwühlenden Situation in Erinnerung rufe, dass es nur durch meine Definition und Reaktion zum Problem wird, lebe ich leichter. Ich lasse die aufflackernden Emotionen in mir zu und fühle sie. Dann richte ich den Blick von dem vermeintlichen "Problem" auf den riesigen Kosmos dahinter - weit, unschuldig, liebevoll - und schicke folgende Botschaft hinaus: *Mein Weg ist frei. Ich entscheide, wie ich reagiere. Danke für diese Situation.*

Das ist ein tägliches Training und klappt nicht immer sofort. Doch es ist eine Haltung, die uns viel dienlicher ist als jene, die wir von unserer Gesellschaft vorgelebt bekommen: Probleme überall!

"Probleme" lösen sich häufig von selbst, wenn wir aufhören, sie als solche zu bewerten und mit Wut, Schmerz oder Aktion darauf zu reagieren. Wenn wir aufhören, Energie in sie zu investieren. Lassen wir sie einfach sein und frei fließen, lösen sie sich häufig auf wie der Morgennebel, der Platz für die Klarheit am Mittag bringt.

Identitäten wie

Ich kann einfach nicht mit Geld umgehen,

Ich habe halt eine schwierige Beziehung zu meiner Mutter,

oder *Ich bin nicht gut genug, um meinen Traum von der Selbstständigkeit zu verwirklichen*

kreieren uns haufenweise Probleme, die uns in unserer Überzeugung bestärken.

Wir versüßen uns unser Leben wie die Marmelade unser Brötchen am morgen, wenn wir Probleme aus unserem Kosmos verbannen. Wenn wir endlich einverstanden sind, dass eine Realität ohne Probleme existiert. Begeben wir uns auf diesen inneren Standpunkt, treten wir ein in die problemfreie Zone - eine weite Landschaft, in der es sich zu leben lohnt.

Wie unsere Identitäten dem System dienen

Buddhistische Lehren geht davon aus, dass wir die menschlichen Identitäten ablegen müssen, um wieder zu unserem wahren Wesen zurückzufinden. Dann erst ist der Weg zur Erleuchtung frei.

Das mag in Ashrams, fernöstlichen spirituellen Zentren, möglich sein, doch weniger leicht in der westlichen Welt, die von ihren Mitgliedern Identitäten voraussetzt. Wir sind überlebensfähig in diesen Gesellschaftssystemen, eben *weil* wir in Kategorien passen. Erst dadurch können wir uns auf etwas beziehen, eine Beziehung zwischen Innen und Außen herstellen. Wir werden Geschlechtern zugeordnet, haben Herkunftsländer im Pass eingetragen, erhalten zuerst Zeugnisse und später Steuerklassen. Durch die vielen Schubladen, für die wir passend gemacht werden, ziehen wir auch Grenzen zu unseren Mitmenschen. *Ich, du. Deins, meins.*

Psychologisch betrachtet hilft es unserem Gehirn, Menschen in Schubladen einzuordnen. So können wir schneller herausfinden, ob wir einander mögen oder lieber nicht mehr Zeit als nötig miteinander verbringen wollen. Spätestens mit der Grundschule fangen wir an, Identitäten wie Post-its auf unserer Stirn zu sammeln - manchmal durch Lehrkräfte, mal durch Mitschüler*innen oder durch uns selbst aufgeklebt.

Die Bewertung eines Menschen erfolgt anhand seiner Leistungen in einzelnen Klausuren in wiederum einzelnen Fächern. *Geschichte, Chemie, Französisch* ... Darauf folgt eine Ausbildung oder ein Studium und schließlich der Beruf. Wir rutschen in viele weitere Kategorien. Dazu zählen Berufsbezeichnungen, Positionen, Gehaltseingruppierungen und der

Familienstand. Das sind emotional besetzte Identitäten, die wir selbst beeinflussen wollen. Wir finden sie gut oder stören uns an ihnen. Manchmal widmen wir uns ihnen mit sehr viel Zeit unseres Lebens und investieren viel Energie, um für uns die perfekten Identitäten aufzubauen, zum Beispiel die *erfolgreiche Vollzeit-Karrierefrau und Mutter*. Wie wenig diese Worte das wahre Wesen in uns auch nur annähernd beschreiben können ...

Wir glauben gemeinsam daran, dass diese Illusionen wahr sind. Nur das hält unser System zusammen. Unser gemeinsames Verständnis davon.

Doch das System ist nicht festgeschrieben, sondern durchaus zum Besseren wandelbar. Nehmen wir beispielsweise die Kategorie Geschlecht: Bisher haben wir nur in männlich und weiblich unterschieden. Doch das ist nicht ausreichend. War es noch nie. Dank dem Einsatz vieler einzelner Menschen steht nun eine dritte Gruppe, divers, in offiziellen Papieren. Es ist ein Anfang, ein Sieg. Ein Sieg dafür, dass wir historische Strukturen ändern können. Dass wir nicht akzeptieren müssen, was als die Wahrheit - "So ist das nun mal schon immer gewesen!" - hingestellt wird. Es ist ein Zeichen, dass die Grenzen unserer Sprache erweitert werden können. Unser Vokabular spiegelt unser Bewusstsein wider. Dehnt sich unser Bewusstsein aus, dehnt sich unsere Sprache mit.

Das System sollte uns dienen und nicht wir ihm. Es sollte zu uns passen und an den Ecken und Enden erweitert werden, wo jetzt noch Grenzen sind. Es ist an der Zeit, dass es sich an unser höheres Bewusstsein anpasst.

So bewusst unsere Eltern uns in den ersten Lebensjahren bis zum Erwachsensein auch begleitet haben, sie können einfach nicht verhindern, dass wir einschränkende Identitäten annehmen, verletzt werden oder gar traumatische Erfahrungen machen. Wer weiß, wie es in 50 oder 100 Jahren aussieht - die Eltern der Zukunft sind wahrscheinlich noch bewusster als wir heute.

Die folgenden Generationen wachsen hoffentlich noch mehr im Bewusstsein der Liebe heran. Klingt wie das Leben von Außerirdischen, doch es ist bestimmt möglich. Heute säen *wir* die Samen der Zukunft. Nein, wir *sind* die Samen der Zukunft. Wir legen den Grundstein für alle, die nach uns kommen.

Nackt machen

Die Wirtschaft sortiert uns in Kategorien ein - von Produktentwicklung über Verpackungsdesign bis hin zu Marketing und Vertrieb ein fein abgestimmter Prozess. Wie sonst könnten sich Produkte und Dienstleistungen erfolgreich vermarkten lassen? Drogeriemärkte beispielsweise denken in Kategorien und halten die passende Gesichtslotion für Jugendliche mit Pickeln, die umweltbewusste Mutter oder den vielbeschäftigten Geschäftsmann bereit. (Ziemlich viele Stereotypen, sorry, aber so denkt die Werbung). So lässt sich ein Produkt in drei verschiedenen Verpackungen an drei Zielgruppen verkaufen. Sehr lukrativ!

Jede*r einzelne von uns ist für die Wirtschaft in verschiedene Kategorien mit Merkmalen eingeordnet. Diese Daten über uns sind sehr wertvoll und werden, wenn sie von Suchmaschinen und Social Media Plattformen gesammelt sind, teuer verkauft.

Du hast vielleicht das Bild von dir, ein*e achtsame*r Konsument*in zu sein: Du isst vegetarisch, vegan oder schaust, woher das Fleisch auf deinem Teller kommt. Du kaufst lieber Bio als konventionell, achtest auf Siegel und Herkunft deiner Produkte und dass sie möglichst wenig Plastikmüll erzeugen. *Super*. Doch auch damit hast du dir selbst Identitäten gegeben, die die Werbung für sich nutzt.

Natürlich haben wir lieber Werbeanzeigen von Naturkosmetik und Bio-Lebensmitteln in unseren Instagram-Feeds, als die billige Schinkenbratwurst oder die Plastik-Zahnbürste.

Doch dadurch, dass wir immer mehr von Werbung umgeben sind, sie Teil unseres Alltags wird, rutschen wir ganz unbewusst immer mehr ins Denken in Kategorien - gut, schlecht, nachhaltig, konventionell, fortschrittlich, überholt, fremd oder bekannt. Um die Flut von Informationen zu bewältigen, können wir nicht anders, als auch uns selbst und andere in Kategorien einzusortieren und uns darüber zu definieren, um den Überblick zu behalten.

Ich bin so, du bist so. Und sie ist ganz anders.

Diese Grenzen sind eine Illusion. Sie trennen uns voneinander, verschleiern unseren gleichen Ursprung, unser Menschsein und unser Lichtsein.

Ich bin Isabell, Vegetarierin, Autorin, Unternehmerin, achte auf Nachhaltigkeit und lebe recht umweltbewusst. Und ich bin Ehefrau, aber eine, die auf persönliche Unabhängigkeit wert legt. Ich bin Freundin, Tochter, Schwester, Beraterin, ich bin Kreativschaffende und mit Zahlen lerne ich gerade besser umzugehen. Ohne diese Kategorien finden passende Produkte und Dienstleistungen ihre Zielgruppe - *mich* - nicht.

Puh, diese Informationen über mich sind viel wert für Werbetreibende. Doch sie beschreiben nicht einmal die Oberfläche meines wahren Seins.

Sie sind nur Kleider, die ich jederzeit ausziehen und anpassen kann. Sie beschreiben nur einen winzigen Teil, nämlich die in der materiellen Welt sichtbare Version von mir. Verstehe mich nicht falsch, ich mag die meisten dieser *Verkleidungen*. Mittlerweile hänge ich nur noch meine Lieblingskleider in meinen Schrank und sortiere so gut es geht aus, was mir nicht gefällt. Auf der Kleiderstange meiner Identitäten soll immer mehr das hängen, was mir gefällt. Was meinen Werten entspricht und mir ein gutes Gefühl gibt. Doch bei all dem weiß ich: Es wird wieder vergehen. Es währt nicht ewig.

Doch ich bin ewig - zumindest dieser unsichtbare, lichtvolle Teil von mir, davon bin ich überzeugt. Das gibt mir eine gewisse Freiheit von dem System, in dem wir alle stecken. Ich muss mich dem System zwar anpassen und dazu gehören, aber ich weiß, dass auch das vergehen wird. Dass der größere Teil von mir nicht angepasst, sondern frei ist.

Dieses innere Wissen hilft mir, meiner Kleidungsstücke bewusst zu sein, die ich mit mir herumtrage, um eben nicht *nackt* herumzulaufen. Denn *Nacktheit*, sich ganz ohne Zugehörigkeit zu Kategorien zu zeigen, ist nicht erwünscht. Es ist ganz normal, vor dieser Nacktheit Angst zu haben, denn ganz ohne sie wären wir nicht lebensfähig, sondern verloren und einsam in einer äußeren Welt, die sich nur durch Labels definieren lässt. Doch tief in uns erinnern wir uns daran, dass wir diese Nacktheit *sind*. Wir *sind* nackt. Und wir *haben* Kleider. Wir sind nicht die Kleider, die wir tragen.

Ich schaffe mir täglich Räume, in denen ich *nackt* sein kann. Zurück zum wahren Wesen, zum Ursprung. Ich lasse dann los, was mich den Tag über begleitet hat. Ich brauche abends keine Unternehmerin oder Autorin mehr zu sein. Ich bin dann keine Konsumentin von vegetarischen oder veganen Lebensmitteln mehr. Ich bin dann keine visionäre, kreative und sensible Frau mehr. Ich *bin* dann einfach. Das macht mich leicht. Und ruhig. Ich denke nicht mehr daran, auf meinen Newsfeed zu schauen. Oder dass ich noch diese Aufgabe oder jenes Telefonat machen sollte.

Alle irdischen Illusionen dürfen für einige Zeit von mir abfallen. Dann bin ich. Manchmal nur für den Moment der Stille zwischen Ein- und Ausatmen.

Unsere Leben sind hier und da konstruiert,

ein bisschen *fake*.

Nimm's nicht so ernst.

Alles, was *fake* ist, wird irgendwann gehen.

Du kommst deiner Wahrheit wieder näher,

und etwas *Magisches*

nimmt seinen

Anfang ...

Wie kann sie nur?!

Immer wieder decke ich Illusionen auf: Ich erkenne, dass ich einer inneren Überzeugung gefolgt bin, die nicht nur nicht wahr ist, sondern mir auch nicht gut tut. Nicht jede bröckelnde Illusion trifft uns so hart, dass wir leiden. Manchmal gibt es einfach ein Aha-Erlebnis und wir schütteln den Kopf über uns selbst, wie wir nur jemals *daran* glauben konnten ...

Vor anderthalb Jahren zum Beispiel, als mein Mann und ich frühstückten und ich mir seine Zeitung schnappte. Eigentlich lese ich keine Zeitung, sondern viel lieber Bücher und Magazine. Doch etwas rief mich, die Seiten durchzublättern. Da entdeckte ich einen Artikel über eine Schauspielerin und ihren Weg ins Unternehmertum. Ich begann zu lesen. *Toll*, dachte ich. *Die kauft sich bei einem bestehenden Unternehmen ein, das gut läuft, und macht jetzt faire Babykleidung. Und das macht sie jetzt zur Unternehmerin?*

Meiner Meinung nach hätte ein*e Unternehmer*in eine Person sein sollen, die von Grund auf ein eigenes Business aufbaut. Angefangen von der Gründungsidee, die im besten Fall einen wirklichen Mehrwert für Mensch, Tier oder Umwelt bietet. Eine Person, die es schafft, das Unternehmen tragfähig zu machen und trotz oder gerade durch gewisse Herausforderungen das Unternehmen wachsen lässt. *Das* war für mich *echtes* Unternehmertum, dachte ich.

Moment mal, sagte eine Stimme in mir. *Ich schreibe gerade ein Buch über Identitäten und ihre Fallstricke - und klammere mich selbst an eine. Warum darf der Weg ins Unternehmertum denn nicht auch anders laufen? Vielleicht leichter, aber nicht weniger wertvoll? Wer sagt eigentlich, was das Wort Unternehmertum bedeutet und was eine Unternehmerin ausmacht?*

Getreu dem Sprichwort: Alle Wege führen nach Rom!

Es gibt keine objektive Wahrheit. Der Duden hat sich auf eine Bedeutung geeinigt, doch die mehr als 80 Millionen Menschen in Deutschland werden ihre eigene Deutung vom *Unternehmertum* haben. Die sogenannte *Konnotation* eines Begriffs ist seine emotionale Bedeutung, die subtil mitschwingt und die in den Menschen selbst geboren wird. Das steht nicht im Duden. Jede*r entscheidet selbst, was Unternehmertum bedeutet. Und mit dieser Definition kann man sich selbst einschränken - oder stärken.

Ich betrachtete das Bild der schönen Frau in meinen Händen, die jetzt Babywäsche auf den Markt bringt. Mir wurde klar, wie sehr mich meine innere Überzeugung einschränkte: Dass Unternehmertum nicht gerade leicht ist und einen (langen) herausfordernden Weg braucht, der mit einer Idee beginnt. *Was für ein Quatsch!* Da ich diese Überzeugung bis jetzt geglaubt habe, hat mir das Leben genau das immer wieder bewiesen. Ich bestätigte mich in diesem Glauben selbst: *Es ist echt hart, ein Unternehmen aufzubauen. Ich habe wenig Zeit für anderes und stecke Geld und Energie ins Geschäft. Ob ich es wohl jemals schaffe?*

So wollte ich nicht denken und schüttelte den Kopf, als ich die Zeitung zusammenfaltete. Schließlich machte ich mir mit einer solchen Überzeugung meinen Weg als Unternehmerin nicht leichter und wunderte mich nicht länger über meine Erschöpfung.

Dieser Fall kann auf viele weitere Berufe und Berufungen übertragen werden: Wer bestimmt eigentlich, wer ein*e Berater*in, ein*e Künstler*in oder ein*e Autor*in ist? Du selbst und jede*r für sich.

Klar, es gibt festgelegte Berufsbezeichnungen wie Anwalt oder Anwältin und Polizeibeamtin oder Polizeibeamter, die durch Staatsexamen und Dienstmarken keinen Raum für Interpretationen lassen. Und dennoch sind auch diese Berufsbezeichnungen nichts anderes als Aneinanderreihungen von Buchstaben, die nur eine Bedeutung bekommen, weil wir uns auf sie geeinigt haben. All das sind Konstrukte unserer Vorfahren, die in der Gesellschaft verankert weiter bestehen, bis sie irgendwann einmal hinterfragt werden. Sie sind Konstrukte in unserem Kopf, die wir als Kinder und Jugendliche erlernt haben.

Genauso, wie wir uns darauf geeinigt haben, dass der Fünf-Euro-Schein einen Wert von 5 Euro hat, von fünf Ein-Euro-Münzen. Doch in Wahrheit hat das Stück Papier einen Wert von wenigen Cents. Unser Geldsystem beruht lediglich auf einer Absprache, an die sich alle halten: Dass der Schein den Wert der Zahl hat, die auf das Papier gedruckt wurde.

So läuft es, wenn wir auf die Erde geboren werden: Wir werden in Bedeutungssysteme hineingeboren, die uns den Alltag erleichtern oder erschweren können. Und nun saß ich da, am Frühstückstisch und habe mich selbst ertappt. Ich schob die Zeitung zurück zu meinem Mann. Wenn er den Artikel gelesen hätte, hätte er sich wahrscheinlich eine andere Meinung darüber gebildet: *Wie schade, sie war so gut im letzten Actionfilm, warum will sie die Schauspielerei denn für blöde Babywäsche an den Nagel hängen?* So oder so ähnlich vielleicht.

Jede*r blickt durch seine eigene Brille, die das Gelesene oder Gesehene einfärbt. *Rosarot, dunkelgrau oder bunt.*

An jenem Morgen habe ich beschlossen, meinen Begriff von Unternehmertum zu erweitern. Nein, ich beschloss, dass es mir egal ist, wer sich wie bezeichnet und ob er oder sie das in meinen Augen auch verdient hat.

Jeden Stempel, den wir anderen aufdrücken, drücken wir uns selbst auf. Wir errichten nicht nur Mauern in uns, sondern ziehen sie auch zwischen uns und anderen. Wir geben uns keine Mühe, sie zu verstehen. Wir fühlen uns nicht in sie hinein. Wir entfernen uns voneinander, anstatt uns näher zu kommen.

Letztlich ist es doch völlig egal, welche Titel wir uns geben und was wir dafür tun. Solange wir mental und emotional offene Menschen bleiben, die tun, was sie lieben. Egal unter welchem Label.

Lüfte dich

Schleier aus Gedanken.

Nebel des Verstandes –

gib mich frei.

        frei,

                frei.

Frei

liegt meine Weite

vor mir

und ich weiß,

das bin ich.

Und du.

Die innere Weite vereint UNS.

Die Kraft der Worte

Ich war 12 Jahre alt, als bei mir Epilepsie diagnostiziert wurde. Im Teenageralter war es mir schnuppe, wie die Ärzte und meine Eltern darüber sprachen, während ich teilnahmslos auf dem Stuhl daneben saß. Doch mit den Jahren wurde ich mir meiner selbst bewusster und der Rolle meiner Krankheit in meinem Leben. Kaum jemand wusste von der Epilepsie, lange Zeit nicht einmal meine engsten Freunde. Es war mir peinlich, nicht ganz rund zu laufen, nicht perfekt zu funktionieren. Ich fühlte mich irgendwie *unsexy* mit einer neurologischen Störung.

Heute spreche ich offen darüber. Und ich erkläre gerne allen, die fragen: Ich *habe* Epilepsie. Ich *bin* keine Epileptikerin. Das ist ein Unterschied.

So ist es mit allem, von dem wir noch sagen: Ich bin...

... ungenügend

... zu dumm

... zu emotional

... zu sensibel

... kraftlos

... schwach

... physisch erkrankt

... psychisch erkrankt

Die Last von "so *bin* ich halt" kann von deinen Schultern fallen, wenn du dich traust, zu sagen: Ich *habe* eine physische oder psychische Erkrankung.

Ich *habe* eine gewisse Eigenschaft. Ich *habe* eine besondere Sensibilität. Ich *habe* das Gefühl von Schwäche, Einsamkeit oder Traurigkeit. Ich *habe* etwas gesagt, das dumm war. Unüberlegt. Aber ich *bin nicht* dumm. Die Magie der Worte formt unsere Realität. Alles, was wir gerade *haben*, beobachten wir nur und wissen, dass es wieder gehen wird. Es ist nicht mit uns verbunden, sondern ein Gast auf Zeit. Alles, was wir *sind*, verbinden wir mit uns. Nur durch ein einziges Wort haftet es an uns, als wäre es angeboren, ein natürlicher Teil von uns und für die Unendlichkeit präsent. Doch so funktioniert das Leben nicht: Das Leben und wir als Verkörperung des Lebens sind Veränderung in jedem Moment. Ständig *haben* wir etwas, seltener *sind* wir etwas.

Was wir *sind*? Wir sind kreative Geschöpfe, wir sind liebevoll, unendlich wertvoll und zyklische Wesen, die sich im Auf und Ab des Lebens bewegen. Wir bewegen uns in diesem Fluss des Lebens.

Ich bin achtsam mit meiner Wortwahl geworden, denn Worte sind immer statisch. Ganz entgegen des lebendigen Lebens können Worte Gefängnisse sein. Worte sind menschengemachte Konstrukte, die beflügeln, aber auch begrenzen und verletzen können. Eines werden sie aber nie schaffen: Sie werden nie erklären können, wie unendlich groß und wundervoll wir wirklich sind.

Und doch können Worte Wunder bewirken. Ich liebe ihre Kraft, die sich in der Poesie entfaltet. Poetische Zeilen haben mich schon als Kind angezogen und noch heute lese oder schreibe ich sie, um zu heilen. Manchmal ist es diese eine Formulierung, dieses eine Wort zur richtigen Zeit, das wie der Schlüssel zu meinem inneren Schloss passt und etwas in mir öffnet. Auch die Verwandlung meiner Gedanken und Gefühle in Worte heilt mich. Ich kann ausdrücken, was ich selbst noch nicht so richtig verstehe.

Beim Schreiben verstehe ich. Dann gehen Lichter auf und ich verankere neue Erkenntnisse auf Papier. Ja, ich liebe die Kraft der Worte. Doch ich wähle sie weise, zumindest übe ich mich immer wieder darin.

Ich bin nicht meine Krankheit, ich *habe* eine Krankheit. Ich möchte mich nicht damit identifizieren. Denn Krankheiten können auch wieder gehen, wenn sie ihren Zweck erfüllt haben. Ich trage das Potenzial für Heilung in mir. Daran glaube ich persönlich. *Ich bin Heilung.*

Welches *Ich bin ...* trägst du gerade mit dir herum, das dich einschränkt oder sogar belastet? Zum Beispiel: *Ich bin wertlos.* Du kannst den Satz transformieren in *Ich habe aktuell ...* zum Beispiel: *Ich habe aktuell das Gefühl, nicht so wertvoll zu sein, wie ich in Wahrheit bin.* Diese kleine Umformulierung löst die Identität von deinem wahren Sein.

Notiere hier dein *Ich bin*, das du bereit bist, loszulassen:

Ich bin _____.

Transformiere den Satz jetzt:

Ich habe aktuell _____.

Alles so verboten

Noch nie habe ich mich so aufs Frühstückmachen gefreut wie an diesem Morgen. Fünf Wecker schrillen durch unser Zimmer. Fünf Finger drücken auf den Snooze-Knopf. Draußen klopft unser Lehrer an die Tür: *Aufstehen!* Es gibt kein Zurück mehr. Um vier Uhr morgens freue ich mich darauf, mich in zwei Stunden mit offizieller Erlaubnis aus der Meditationshalle in die Küche zu begeben, um Obst für das Porridge zu schnippeln. Endlich eine andere Tätigkeit. Ein Fluchtweg aus der inneren Leere.

Nach dem Frühstück hole ich meinen dicken Pullover aus dem Schlafzimmer und schrecke hoch, als sich die Bettdecke auf dem Nachbarbett bewegt. Marie lugt darunter hervor, blinzelt mich an. Ich erinnere mich an unser *Verbot*, einander anzuschauen und drehe mich weg. Außerdem dürfen wir uns frühestens um 21 Uhr ins Bett legen. Tagsüber war das *verboten*. Es wimmerte unter dem Deckenberg. Dann höre ich etwas, das ein Schluchzen oder auch nur ein merkwürdiges Gähnen sein könnte. Zu gerne würde ich Marie fragen, was los ist. Beim Frühstück habe ich sie gerade noch gesehen. Etwas brodelt in mir. Diese Regeln hindern mich daran, *menschlich* zu sein. Ich möchte mitfühlend sein. Ich interessiere mich für Menschen in meinem Umfeld und möchte sie unterstützen. Doch Vipassana will, dass wir uns um unseren eigenen Kram kümmern. Jede*r ist hier nur für sich selbst verantwortlich, basta.

Als ich an Maries Bett vorbei zur Tür gehe, weht mir ein süßlicher Patchouli-Duft um die Nase. Diesen Duft kenne ich aus meinem Yogastudio. Ich liebe ihn. Marie hat mir ihre ätherischen Öle gezeigt, als wir die Koffer ausgepackt haben. Es ist ihr Duft, den ich rieche. Auch ich habe meine kleinen Hilfsmittelchen mitgebracht: verschiedene Kristalle und Eukalyptus-Öl. Doch auch das war *verboten*. Alles. Genau wie mein Tagebuch.

Verboten. Ich darf keine Erkenntnisse notieren, dabei begleitet mich mein Notizbuch im Alltag einfach überallhin. Für jede spontane Idee oder Eingebung will ich jederzeit gewappnet sein. Weitere Punkte auf der roten Liste sind Make-up, Schmuck und schicke Kleidung, die uns vom Wesentlichen ablenken.

Das alles ist so verboten, dass ich an diesem Wochenende mehr als einmal heimlich ins Mehrbettzimmer schleiche, um mir etwas Eukalyptusöl für den Frischekick auf die Schläfen zu massieren. Hier mache ich auch kurze Yogasequenzen für meinen Rücken, der vom Sitzen schmerzt. *Verboten.*

Rauchen, Trinken, Snacks und zuckerhaltige Getränke - *verboten*. Nur Porridge mit Obst am morgen und Gemüsecurry am Mittag. Nach 12 Uhr gibt es keine Nahrung mehr. Wen der große Hunger überkommt, darf um 17 Uhr einen kleinen Schokopudding essen. Das ist eigentlich auch verboten, doch unser Lehrer weiß, wie sehr ein hungriger Magen beim Meditieren ablenkt. Mit etwas Übung, erklärte er uns, wären wir so losgelöst von unseren irdischen Mägen, dass sie noch so viel kurren konnten. Es würde uns einfach nicht mehr interessieren. So so, jetzt weiß ich auch, wie die indischen Sadhus jahrelang in einer Meditationshaltung verharren können. Amar Bharti zum Beispiel hält seit 1973 seinen rechten Arm gen Himmel gestreckt. Er lebt, doch der Arm ist dünn und steif geworden und wird sich wohl nie wieder zur Erde beugen.

Was bleibt mir, wenn alles geht, was mir im Alltag gut tut?, frage ich mich. Zu gerne will ich auch Marie und Anne danach fragen. *Verboten*. Hier gilt es, von allem loszulassen, was sich von unserem Körper und Geist ohne Gewalt trennen lässt. Doch Verbote machen das Untersagte noch verführerischer und das Ersehnte scheint noch stärker an uns zu kleben. Marie sehe ich noch ein paar Mal im Bett liegend, während die anderen meditieren. Und ich? Ich brauche immer mal wieder ein paar Atemzüge ohne Regeln in unserem Mehrbettzimmer, bevor ich weiter meditiere. Als ich am zweiten Abend meinen letzten Spaziergang ums Bauernhaus mache, sehe ich Anne im Schatten eines Baumes rauchen. *Verboten.*

Der Guru-Effekt

Vor nicht allzu langer Zeit habe ich eine Disziplin daraus gemacht, alles aufzusaugen, was Gurus und Coaches in den Büchern, Podcasts und Kursen dieser Welt lehren. Ich wollte und will als Mensch und spirituelles Wesen wachsen.

Doch ich spürte auch meine Abhängigkeit von diesem Hunger nach Wachstum. Bis ich verstanden habe: Wenn bei mir zehn Bücher für persönliches Wachstum und Spiritualität auf dem Nachttisch liegen, dann *brauche* ich sie auch alle. Wenn eine neue ätherische Öl-Mischung für innere Fülle auf den Markt kommt, dann *brauche* ich sie. Wenn ich mehr innere Klarheit herbeisehne, *brauche* ich einen weiteren Bergkristall. Die 3469 Kristalle in meiner Wohnung reichen noch nicht aus. Wenn ich meine Social Media Aktivitäten plane, *brauche* ich einen Mondkalender. Welcher Mond ist gerade? Vollmond? Neumond? Was dazwischen? Ach, Vollmond in Fische?! Dann sollte ich lieber kein neues Instagram-Video aufnehmen, sondern mich für ein paar Tage zurückziehen. Nicht nur den Blick auf den Mondkalender *brauche* ich, auch die aktuelle Planetenkonstellation sollte ich in meinem Wochenplan berücksichtigen.

Puh ...

Alles schön und gut,

doch wird es zur Regel und Pflicht,

brauchst du es nicht.

Spüren wir das Verlangen, etwas tun oder haben zu *müssen*? Dann sollten wir lieber gar nichts davon machen. Die Finger davon lassen.

Ich klammerte mich an all die Helferlein in dem Glauben: Wenn ich das habe, lese oder bin, wird es mir besser gehen. Fließt der Erfolg vom Universum zu mir herab wie ein Fluss der Fülle. Bei den Gurus, Coach*innen und Unternehmer*innen dieser Welt scheint es ja auch zu klappen.

Beim Kauf glaubte ich fest daran, mich durch die Hilfsmittel mental und energetisch in die richtige Schwingung zu bringen. Ich war euphorisch. Es hat Spaß gemacht, echt. Ich habe es geliebt, nach dem neuesten spirituellen Shit bei Instagram zu suchen, ihn zu kaufen und auszuprobieren. Oder in meiner Lieblingsbuchhandlung in Hamburg stundenlang zu verweilen. Erst später wurde mir bewusst, dass mich das Gefühl von Mangel antrieb. Ich war der Obelix, kopfüber im Zaubertrank.

Und damit erlaubte ich meiner Seele nicht, sich in seiner Fülle zu zeigen. Ich hörte ja nicht einmal richtig hin, sondern schüttete immer neue Methoden und Rituale oben drauf. Dieser ganze Kram nahm meiner Seele die Möglichkeit, mit mir in Verbindung zu treten. Ihr Flüstern hörte ich nicht mehr. Ihre Stupser in die richtige Richtung fühlte ich nicht mehr.

Ich setzte gewisse Bedingungen voraus, um glücklich, erfüllt und frei zu sein. Dieses eine Buch noch. Dieser eine Kurs noch. Und dann bin ich *fertig*. Wirklich. Ich nenne das den *Guru-Effekt*. Sich immer mehr an der äußeren Führung zu orientieren, anstatt auf die innere zu hören. Eine schöne Ablenkung, die uns die Erkenntnis nimmt, dass *wir* allein wunderbar für uns sorgen können. Dass wir uns selbst trösten, halten, in den Armen wiegen und lieben können. Dass wir uns bei Stress selbst wieder entspannen und neue Kraft schöpfen können. Ganz ohne dafür ein Yoga-Video machen, eine Meditation mit deinem Guru oder einem Vortrag lauschen zu müssen. Auch wenn das hilfreiche Tools sind.

Inspiration und Abhängigkeit (von Hilfsmitteln) gehen Hand in Hand, wenn wir es übertreiben. In achtsamen Dosen geben uns die Hilfsmittel wichtige Impulse, um zu reflektieren, in unser Herz zurückzufinden und was uns sonst auf unserem Weg gut tut. Wie immer gibt es nicht das perfekte Maß, das für jede*n gilt.

Wir dürfen jederzeit Hilfe suchen und annehmen. Wir müssen nicht alles alleine schaffen. Loszulassen und zu wissen, dass unser Gegenüber, der Partner, die Freundin, Eltern oder die Therapeutin für uns da ist, ist wichtig.

Solange wir ein Gefühl des Mangels mit Input von Außen kompensieren wollen, unterdrücken wir das Geschenk, was darin liegt, uns mit dem Gefühl auseinanderzusetzen.

Wie immer gibt es nicht den einen perfekten Weg, der für alle gilt.

Du darfst den Weg wählen, der sich am besten anfühlt.

Halte dich selbst. Vertraue dir, dass du das kannst.

Die Helferlein lassen uns in der Illusion leben, alles in unserer Macht stehende zu *tun*, um uns zu entwickeln. Dabei brauchen wir rein gar nichts tun, um zu wachsen. Wir brauchen *nichts*, um uns glücklich zu fühlen. Verbringen wir Zeit in diesem Nichts, hat unser Inneres die Chance, sich uns zu zeigen.

Was du dafür brauchst? Nur zehn Minuten Zeit am Tag um deinen regelmäßigen Atem zu spüren und einfach nur an die Decke oder in dich hinein zu blicken.

Weniger zu brauchen bedeutet:

Mehr Klarheit.

Mehr Echtes.

Mehr Du.

Date mit der Unendlichkeit

Ein Jahr vor meinem Vipassana-Wochenende wollte ich mich mit der buddhistischen Meditation vertraut machen. Es war ein Herbsttag in Hamburg. Stürmisch wehten Blätter über die Straßen St. Paulis. Tanzten zusammen mit leeren Papiertüten und Bierdosen, die jemand neben den Mülleimer gestellt hatte.

Nach der Arbeit war ich nicht wie üblich nach Hause, sondern in die andere Richtung gefahren: zum Buddhistischen Zentrum auf St. Pauli. Schon lange hatte ich mir vorgenommen, hier am Einführungsvortrag und an der anschließenden offenen Meditation teilzunehmen. Die Meditationshalle war überschaubar, ein großer rechteckiger Teppich lag in der Raummitte und deutete mit seiner Existenz darauf hin, wo sich die Meditierenden später auf ihren Kissen niederlassen sollten. Als ich mich setzte, spürte ich das harte Gewebe an meinen Knöcheln. Der Teppich war nicht zum Einkuscheln gemacht, sondern zum Ankommen auf dem Boden der Tatsachen.

Ich blickte mich neugierig um. Das Dach über mir war teilweise verglast. Wenn es nicht ein Abend im Oktober gewesen wäre, würden die Sonnenstrahlen jetzt wahrscheinlich verspielt durch die schrägen Dachfenster fallen. Doch nun spannte sich Dunkelheit über uns. Immer mehr Besucher gesellten sich zu mir auf den Teppich. So sollte es gehen, bis kein Fleckchen mehr frei war. Der Raum war voll und erfüllt von Smalltalk über Arbeit, Feierabend und Familienthemen. Bis ein Mitglied des buddhistischen Vereins nach vorne trat und um Ruhe bat. Er setzte sich vor uns an die Stirnseite, hinter ihm drei große Buddha Statuen, daneben Kerzen, die die gerahmten Porträts von bedeutenden Menschen an der Wand erhellten. Er fing an zu erzählen - von der Gründung des Zentrums, der alten Tradition und wie sie diese mit einer modernen Community verknüpfen. Sogar günstig wohnen konnte man auf dem Gelände - wenn man sich mit seinen Fähigkeiten in die Gemeinschaft einbrachte. Ich blickte hinaus auf den dunklen Innenhof, der minimalistisch gestaltet war. Mit einigen Gräsern in schmalen Beeten, einem Buddha aus Stein und einem kleinen Brunnen. Der Hof war umgeben von einem Häuserblock, in dem die besagten Wohnungen liegen mussten.

Mein Blick fiel auf die Wand hinter den Mann. Auf den Fotos erkannte darauf den Gründer des Zentrums, Lama Ole Nydahl, einen weltberühmten dänischen Lehrer (Lama), und den 16. Karmapa, die im Einführungsvortrag erwähnt wurden. Der 16. Karmapa war das Oberhaupt der Linie dieser buddhistischen Schule, der Karma-Kagyü Linie, bis er 1981 verstarb.

Da saß ich nun und war gespannt auf die Art der Meditation, die mir als altem Hasen bevorstand. Seelenreisen, Atemübungen, Herzöffnung, Mantren-Meditationen - das alles hatte ich schon vielfach praktiziert. Gleichzeitig hatte ich keine Erwartung daran, wie diese vom Karmapa schriftlich verfasste Meditation für die westliche Welt wohl sein würde. Nicht im geringsten ahnend, was sich mir offenbaren würde, schloss ich die Augen. Dann begann der Mann, die Meditation aus einem kleinen Buch vorzulesen.

Ich verließ die Meditationshalle als eine andere Version von mir. Etwas in mir und gleichzeitig außerhalb von mir hatte mein Verständnis von der Welt erschüttert. Der Vorhang war zur Seite geglitten, nur für wenige Sekunden, und doch sollte diese Erfahrung eine Ewigkeit nachwirken. Meine Sitznachbarin, die auch zum ersten Mal da war, erzählte unaufhaltsam von ihrer beruflichen Situation. Wir waren schon vor dem Einführungsvortrag ins Gespräch gekommen und sie erzählte mir, sie habe noch nie meditiert und sich gerade von ihrem Freund getrennt. *Aha.*

Nach der Meditation sprudelte sie wieder wie ein Wasserfall. Wir verstauten unsere Meditationskissen und Decken wieder in der Truhe. Das alles nahm ich nur gedämpft war, mein Fokus galt meinem Innen. Konnte ich mir selbst trauen? Meiner Wahrnehmung glauben? War das gerade wirklich passiert? Nichts war wie zuvor.

Im letzten Teil der Meditation lautete ein Satz sinngemäß: *Was wir wirklich sind, ist das zeitlose Bewusstsein jenseits von Grenzen, das alles spielerisch hervorbringt.* Klar hatte ich ähnliches schon in Büchern gelesen und in Vorträgen gehört. Ich hatte es auf einer mentalen Ebene *verstanden*. Doch das Wort täuscht: Mit dem "Verstand" *verstehen* wir nicht wirklich. Es ist lediglich in meinem Langzeitgedächtnis abgespeichert und für wahr befunden worden. Doch auf spiritueller, seelischer und körperlicher Ebene habe ich die Wahrheit dessen noch nicht *gefühlt*. Bis jetzt. Jetzt habe ich sie *erfahren*. Die gesamte halbstündige Meditation war überirdisch krass. Licht überall in mir, dann Weite, dann Ruhe, meine Gedanken für einen Moment davongeflogen.

Als ich diesen einen Satz während der Meditation hörte, *Was wir wirklich sind, ist das zeitlose Bewusstsein jenseits von Grenzen, das alles spielerisch hervorbringt*, sagte eine Stimme in mir, die ich gut kannte: *Ach was, es geht doch nicht ohne Grenzen!*

Darauf antwortete etwas - oder jemand: *Warum sollte es Grenzen geben?*

Ohne bewusst einen Gedanken fassen zu können, stimmte ich dem Gehörten zu. *Ja, warum sollte es Grenzen geben?* Diese zweite Stimme, die mir diese Frage gestellt hatte, drang aus meinem Inneren hervor und kam gleichzeitig aus allem, was mich umgab. Innen und Außen, es machte keinen Unterschied, alles verschmolz zu einem unendlichen Ganzen.

Allumfassend. All-umfassend. Galaktisch.

An der Wahrheit, die mich durchdrang, hatte ich keinen Zweifel. Alles, was wir als Grenzen wahrnehmen, ist eine Illusion. Es gibt keine Grenzen. Es gab keine Grenzen. Es wird keine Grenzen geben.

Keinen Moment stellte ich die Existenz dieser Stimme in Frage. Ich fühlte ihre Kraft. Ihre Wahrhaftigkeit. So eine mächtige, reine und gütige Stimme habe ich noch nie zuvor so deutlich wahrgenommen und ich wusste, dass hier etwas Universelles gesprochen hatte. Es war kein Ich, kein Mensch, kein Wesen. Es war alles und nichts. Und selbst das erklärt es nicht richtig, denn für dieses Phänomen gab es keine Worte. Denn auch Worte - so schön sie auch sein mögen - sind Grenzen. Kleine Gefängnisse, die Bedeutung in sich tragen.

Doch hier hatte die *Freiheit* gesprochen.

Im gleichen Moment, in dem ich die universellen Worte hörte, zog sich ein Vorhang vor meinem inneren Auge auf und ich hatte das Gefühl, meine Augen könnten gleichzeitig mehr als 180 Grad wahrnehmen, fast ein Rundumblick stellte sich ein. Dabei waren meine Lider noch immer verschlossen. Mit der Ausweitung meines inneren Blickes strahlte hellstes Licht in meine Augen. Innerlich. Grenzenlos. Das fühlte ich. Ich blickte grenzenlos und sah gleichzeitig nichts. So musste sich Unendlichkeit anfühlen. Ich sah die Unendlichkeit. Langsam schaltete sich mein Verstand ein: Sind da etwa Scheinwerfer im Saal angesprungen, die mich direkt anstrahlen? Die haben bestimmt Licht angemacht, weil es draußen dunkel ist, oder? Vorsichtig folgte ich dem nagenden Zweifel des Verstandes und blinzelte mit dem rechten Auge. Nein, das Licht an der Wand vor mir war nicht heller als zu Beginn unserer Meditation. Nichts im Außen hatte sich verändert. Der Vorleser las weiter vor, die Meditierenden meditierten weiter. Die Kerzen brannten weiter. Die Buddhas ruhten in sich.

Alles war normal und ich saß im größten Blockbuster meines Lebens. *Bin ich verrückt? Spinne ich?*

Nachdem sich meine aufgedrehte Sitznachbarin verabschiedet hatte, stieg ich mit zitternden Knien in die U-Bahn. War das jetzt sowas wie eine Erleuchtung gewesen? Nee, das klingt eine Nummer zu groß. Innerlich kämpfte ich gegen meinen Verstand, der sich mit dieser Erfahrung so gar nicht anfreunden wollte, auf der anderen Seite aber auch neugierig war. Ja, tief in mir wusste ich, dass das so etwas wie ein Erwachen war. Der Vorhang hatte sich für einen Moment gelüftet und mir die unendliche Weite dahinter gezeigt. Nach dieser Erfahrung habe ich einige Tage bei jedem Schließen meiner Augen flackerndes Licht vor mir gesehen. Was das Einschlafen etwas schwieriger gestaltete, abgesehen von meiner Aufgewühltheit, die noch Tage andauerte. Was für ein Trip! Und das völlig nüchtern.

War das mein drittes Auge, das Chakra etwas oberhalb meiner Augenbrauen, das da strahlte und flackerte? Bis heute habe ich keine eindeutige Antwort gefunden und das ist okay.

Diese Erfahrung lässt mich nicht für immer durchs Leben schweben. Ich bin wieder gelandet im Leben mit all seinen Höhen und Tiefen. Bin verwurzelt mit der Erde unter mir, anstatt in anderen Sphären zu schweben.

Ein Jahr später stoße ich beim Vipassana-Wochenende an meine menschlichen Grenzen. Und das wird wohl immer wieder passieren. Sobald eine Erkenntnis eintritt, beginnen sich neue Illusionen zu zeigen. Nur, weil ich schon so weit gekommen bin, kann ich immer wieder neue Illusionen enttarnen, die mir zuvor gar nicht aufgefallen sind.

Die Erfahrung im Meditationszentrum bleibt mir als lebhafte Erinnerung. Dieses Gefühl der Unendlichkeit wird mir immer bleiben, denn immer wieder verbinde ich mich damit. Auch wenn die Intensität des Gefühls nicht mehr so stark ist, wie an jenem Abend. Vielleicht nie mehr in diesem Leben. Damit könnte ich leben.

Auch an den weiteren Meditationsabenden im Zentrum habe ich diese Erfahrung nicht wiederholen können. Das ist auch in Ordnung so. Vielleicht erscheint *es* mir irgendwann noch mal. Ich warte nicht darauf, doch bin offen für alles, was sich mir zeigen möchte. Im Bereich der *übernatürlichen* Erfahrungen, die eigentlich höchst *natürlich* für uns sind, lässt sich nun wirklich gar nichts erzwingen.

Was wir wirklich sind,

ist das zeitlose Bewusstsein

jenseits von Grenzen,

das alles **spielerisch** hervorbringt.

16. Karmapa

Die innere Neuordnung

... meint die Neugestaltung der Innenwelt. Die *innere Neuordnung* folgt auf den *Zusammenbruch*. In dieser Phase können wir tiefer verstehen, wie und warum die Illusion in uns wachsen konnte. Warum der Zusammenbruch nötig war und welche Botschaft er in sich trägt. Wir ziehen uns zurück und nehmen uns Zeit für uns selbst. Wir betrachten unsere Gefühle näher und erlauben uns, sie zu fühlen. Wir beobachten unsere Gedanken mit Abstand und blicken auf die schmerzvolle Zeit zurück.

Das innere Chaos legt sich. Wir sehen klarer, was in uns vorgeht und verarbeiten den Schmerz, der sich durch den Zusammenbruch seinen Weg gebahnt hat. Eine äußerst fruchtbare Zeit, auch wenn es nicht immer so scheint.

Türen fliegen auf

Schon lange bin ich immer wieder Illusionen eines erstrebenswerten Lebens gefolgt, bis mich das Leben aufgeweckt hat. Nicht durch einen Wecker mit Meeresrauschen. Es gleicht eher einem Feueralarm, bereit, mich vor den erstickenden Flammen der in mir tobenden Kräfte zu retten.

Mit Affirmationen und anderen Methoden der Selbstsuggestion versuchte ich, die vermeintlich "guten" Ausprägungen in mir zu fördern. Kreativität, Selbstvertrauen, Liebe - das alles war für mich *positiv*. Die eher unangenehmen oder die meiner Erfahrung nach sozial nicht kompatiblen Facetten wollte ich ignorieren und verkümmern lassen: Introvertiertheit, Hochsensibilität, Impulsivität, Wut, Verletzlichkeit und Traurigkeit. Was man nicht sieht, hört oder fühlt, ist nicht da. *Oder?*

Ich führte Krieg mit mir selbst. Als hätte ich mehrere kleine Menschen in mir wohnen, die sich uneinig sind über die Grenzen ihres Grundstücks, die Fläche ihres Landes oder die einzig wahre Religion, die zur Erleuchtung führt. Die introvertierte Isabell gegen die extravertierte, die wütende Isabell gegen die friedvolle. Mein Verstand hat den vermeintlich besseren Facetten von mir zur Seite gestanden - der geselligen und stets friedvollen Isabell. So wie eine Prinzessin, die sich jede Mutter und jeder Vater gewünscht hätte - oder?!

Quatsch. Auch wenn diese Qualitäten in den letzten Jahrhunderten von Mädchen und Frauen erwartet wurden.

Zurück zu meinem inneren Krieg: Hat er einen Sieger hervorgebracht? *Nein*. Mir war es nicht möglich, die damals ungeliebten Seiten in mir dauerhaft zu verdrängen. Der innere Kampf machte sie nur stärker, bis sie sich durch Zusammenbrüche wie dem epileptischen Anfall im Hotel ihren Weg an die Oberfläche bahnten. Sie fanden ihren Weg in die Sichtbarkeit. Plötzlich konnte ich sie nicht mehr leugnen. Sie zu verstecken, dafür hatte ich keine Kraft mehr. Denn es braucht Herkules-Kräfte, um die ungeliebten Facetten und Gefühle zu verbergen.

Erkennst du in den folgenden Emotionen und Facetten eine oder mehrere, die auch du gerne versteckst oder lange Zeit verdrängt hast?

Introvertiertheit

(Hoch-)Sensibilität

Impulsivität

Schwäche

Verletzlichkeit

Wut

Kraft

Passivität

Selbstmitleid

Offenheit

Ignoranz

Traurigkeit

Trägheit

Habgier

Vertrauen

Gleichgültigkeit

Schuld

Scham

Empathie

Wildheit

Wertlosigkeit

Plötzlich konnte ich ein Potpourri dieser Emotionen mit aller Wucht sehen, hören und fühlen.

Ein Gefühl begegnete mir besonders intensiv: das Gefühl von Wertlosigkeit. Durch mein Gefühl, nicht so viel wert zu sein, hatte ich unbewusst Angst vor jedem Gegenbeweis, den mir das Leben oder mein Umfeld entgegenbrachte. Ich hatte also Angst davor, erfolgreich zu sein, Lob zu bekommen, angemessene Stundensätze zu erhalten und mich dem Genuss des Lebens hinzugeben. Ich hatte Angst davor, meine Identität, *Ich bin wertlos*, zu hinterfragen, die mich so um meinen Wert kämpfen ließ. Schließlich fürchtete die Identität um ihre Existenz, wenn ich doch plötzlich erkennen würde, wie wertvoll ich wirklich bin.

Ich wollte es immer *werden*, aber nie *sein*: wertvoll. Diese unstillbare Sehnsucht hat mich angetrieben, um mich endlich als *würdig* zu erweisen. Ja, wem wollte ich eigentlich würdig sein? Der Liebe meiner Eltern, die ich doch immer schon hatte? Dem Leben, in das ich geboren wurde? Dem unbekannten Richter über Wert und Wertlosigkeit aller Geschöpfe auf Erden, den es gar nicht gibt?

Mit dem Verdrängen von Emotionen, die da sein wollen, ist es wie mit dem Wohnen in einem großen Haus mit zu vielen Zimmern: Wir bewegen uns in den vertrauten Zimmern, die wir täglich brauchen, die uns nähren und positiv pushen. Küche, Bad, Schlafzimmer, Wohnzimmer und Büro. Doch da sind noch weitere Räume. Die Türen sind mit Staub bedeckt, von einigen blättert die weiße Farbe ab, die anfangs jede Tür hat strahlen lassen.

Doch je länger wir all diese Türen geschlossen halten, desto mehr fallen sie uns auf. Sie stechen im Flur hervor, noch bevor wir unseren Blick abwenden können, um ins Wohnzimmer zu gehen. Es scheint, als ginge von ihnen eine schwarze Magie aus, die anziehend und abstoßend zugleich wirkt. Wir wissen, was die Räume uns sagen wollen:

Trau dich... Komm rein!, flüstern sie. *Wir haben weder Arme noch Beine. Und doch werden wir dich solange verfolgen und nach dir greifen, bis du dich umdrehst, deine Hand auf die Türklinke legst und mutig den Raum dahinter betrittst. Schau hin. Fühl hin. Trau dich.*

Das sind die dunklen Räume in uns. Die hartnäckig um Aufmerksamkeit buhlen und aufgestaute Energie von ungelebten Emotionen freisetzen wollen. Durch Ablenkung und "Beschäftigtsein" ignorieren wir sie, bis sie irgendwann auffliegen und den zähen, schwarzen Matsch ausspucken, der sich darin angesammelt hat. Sie öffnen sich, ohne darauf zu warten, dass wir uns bereit fühlen.

Im Zusammenbruch haben sich die Türen geöffnet. In der Neuordnung stehen wir nun auf der Schwelle. Mit einem Bein auf dem Heilungsweg unserer weggesperrten Themen - und mit einem Bein in der Verleugnung ihrer Existenz. In diesem Moment können wir uns entscheiden, auf welcher Seite wir stehen wollen:

Öffnen wir uns der Veränderung oder ziehen wir uns noch mehr in unseren Panzer zurück? Der Schmetterling im Kokon weiß, dass es kein Zurück mehr gibt. Er drückt sich mit aller Kraft durch den ersten Riss im Kokon. Um blühen zu können, muss die Blume den Willen haben, sich mutig zu öffnen, Wind und Wetter zum Trotz. Der Wandel beginnt mit einer mutigen Entscheidung.

Und er beginnt jetzt.

Unseren Wert bestimmen wir selbst

„Toll, was Sie machen. Doch ich erreiche mit meinen Kanälen siebenstellige Followerzahlen. Und Sie? Es muss schon ausgewogen sein."

Ich schloss das E-Mail-Programm und klappte meinen Laptop zu. Die Antwort, die ich gerade von einem Podcaster und Autoren erhalten hatte, machte mich wütend. Ich hatte ihm eine Kooperation vorgeschlagen. „Scheinbar sind unsere Followerzahlen nicht kompatibel und überhaupt die Idee einer Kooperation deshalb lächerlich," ergänzte ich seine Antwort in Gedanken. Okay, Reichweite ist die digitale Währung. Die Anzahl der Follower*innen entscheidet scheinbar darüber, ob sich ein weiteres Gespräch über Zusammenarbeit überhaupt lohnt. Unabhängig vom Mehrwert, die eine Zusammenarbeit für beide Seiten und die Communitys schaffen könnte. Unabhängig von der Sympathie zwischen uns. Diese 'digitale Oberflächlichkeit' war mir an jenem Tag vor zwei Jahren nicht zum ersten Mal begegnet.

Ich sprang auf seine Antwort so an, weil ich mich in meinem Selbstwert verletzt fühlte. *Ich habe eben einfach nicht genug Reichweite, um eine Zusammenarbeit wert zu sein.* Dabei habe ich in meiner Selbstständigkeit doch jeden Tag das Gefühl, so viel Sinnvolles beizutragen. Ich habe Freude daran, mit meiner Community ins Gespräch zu kommen - unabhängig davon, wie viele Menschen das sind.

Ich knallte die Bürotür hinter mir ins Schloss und rollte meine Yogamatte aus. Wollte dieses Gefühl abschütteln, weniger wert zu sein. Das Gefühl abschütteln, dass der Wert von Menschen, von Unternehmen und Unternehmer*innen darin bemessen wird, wie viele Menschen sie erreichen.

Quantität vor Qualität. Ich bin ein kreativer Kopf, ich lasse mich nicht in eine so starre Kategorie pressen, dieses Kleid wollte ich mir nicht anziehen lassen.

Ich war und bin mir sicher: Das bin nicht ich und das will ich nicht sein: Ich will mich nicht schlecht fühlen wegen einer so fiktiven Zahl, die digital geschrieben steht und ab und zu vor dem Auge flimmert, wenn ich abends zu lange am Bildschirm sitze. Ich will meinen Wert nicht von Zahlen definieren lassen. Das ist gegen meine Natur.

In Bezug auf unseren Selbstwert stellt die Social-Media-Welt nicht nur mich vor Herausforderungen. Wir alle sind permanent mit schillernden Profilen, erfolgreichen Stimmen und kontroversen Meinungen konfrontiert - und sind selbst auch ein Teil dieses digitalen Getümmels. Sich zu vergleichen ist menschlich. Es half unseren Vorfahren zu überleben. Doch nun droht uns keine existentielle Gefahr durch feindliche Stämme mehr, sondern die emotionale Gefahr, uns abhängig von Zahlen, Likes und Meinungen zu machen. Uns von unseren eigenen Bewertungen runterziehen zu lassen. Heute ist die Menschheit in einem höheren Bewusstsein unterwegs. Intuitiv wissen wir: Wir brauchen keine Vergleiche mehr, um zu überleben. Sondern vielmehr die bedingungslose Annahme und Liebe – uns und anderen gegenüber.

Der ehrliche Blick nach Innen schützt uns vor dem abwertenden Vergleichen mit anderen. Die Beziehung zu uns selbst zu pflegen ist heute wichtiger denn je.

Im herabschauenden Hund atmete ich zum ersten Mal seit dieser Nachricht tief ein und aus. Luft zu holen habe ich in Situationen wie diesen schon viel zu häufig vergessen. Nach einigen Asanas auf der Yogamatte bebte mein Körper weniger, mein Herz klopfte ruhiger.

Dann richtete ich mich auf und winkelte ein Bein an. Ich stand im Baum. Eine Yogaübung, die einen standfesten, kraftvollen und hoch gewachsenen Baum imitiert - auf einem Bein stehend, das andere in die Oberschenkelinnenseite gestemmt. Mit erhobenem Blick und tiefen Wurzeln. Mit freiem Geist und innerer Ruhe. Mit leichten Bewegungen im Rhythmus des Atems. Mit achtsamen Gespür für das Blut in den Adern und der Vibration im Körper. *Das bin ich.* Das ist mein wahres Ich. Wertvoll, voller Lebensenergie, im tiefen Frieden verankert.

Mit Abstand konnte ich die Situation klarer sehen. Erkennen, dass nur ich selbst mir wirklich Wert geben konnte. Und dass ich dazu neigte, schnell auf Reaktionen wie der des Podcasters anzuspringen, weil ich mich schon als Schülerin über meine Leistung definiert habe. In der Schule war ich die hochsensible Außenseiterin mit Epilepsie, die sich durch ihre guten Noten ein bisschen Selbstwert zurückholte, der unter den Lästereien der Mitschüler*innen schon ordentlich gelitten hatte. Ich gehörte keiner Clique an, stand irgendwo zwischen den Gruppen und in der Ecke mit jenen, die auch anders waren. Wir waren uns eine gute Gesellschaft.

Meine Identität, wenn ich gute Leistungen erbringe, bin ich wertvoll und geliebt, schlug also Alarm, wenn jemand diese Leistung nicht beachtete. Wie der Podcaster, der nur auf die Zahlen schaute. Und das war auch sein gutes Recht. Doch ich fühlte mich wieder in die Ecke gestellt zu denen, die für keine Clique gut genug waren.

Auf der Yogamatte purzelten die erfolgreiche Unternehmerin, die kreative Schöpferin und die Social-Media-Isabell mit ihren Follower*innen von mir ab. Diese Identitäten lösten sich für einen Moment. Und ans Licht trat dieser unverwüstliche und unendliche Wesenskern. Das freie Sein. Ich genoss jeden Atemzug im Baum und lächelte in mich hinein. Wenn ich im

Alltag doch nur noch schneller wieder zurück in diesen Urzustand käme, wenn mich Nachrichten wie diese erreichten ...

Im Rückblick auf diese Erfahrung, die nun zwei Jahre zurückliegt, kann ich behaupten: Ich habe es geschafft, schneller in meine innere Fülle zurückzukehren, die immer da ist. Mein Selbstwert ist stabiler geworden und lässt sich von Vergleichen nicht mehr so leicht beeinflussen - doch ganz frei von Einfluss ist er noch immer nicht. An den meisten Tagen fühlt es sich so an, als würde ich wie im Yoga-Baum morgens das Büro betreten, bereit, den Wert meines Seins zu genießen, während ich tue, was ich liebe. Eine Entwicklung, von der ich vor zwei Jahren noch nicht zu träumen gewagt hätte.

Erlaube dir, dich verloren zu fühlen

In meinem Wohnzimmer hängt ein Bild, auf dem kleine Planeten abgebildet sind, die zwischen zwei Händen schweben. Die Hände haben die Macht, die Planeten zu halten und zu bewegen. Unter dem Motiv steht der Spruch "It's all in your Hands". Ich liebe dieses Bild und hinterfrage es gleichzeitig.

Denn in Wahrheit beeinflussen uns die Planeten am Himmel viel mehr als wir sie: Die Mondphasen wirken sich auf die Gezeiten und das Wachstum von Pflanzen aus. Um nur einige der lunaren Einflüsse zu nennen. Ich glaube daran, dass die Planetenkonstellationen am Himmel uns nicht nur zu unserer Geburt beeinflussen, sondern ständig.

Das Bild habe ich deshalb aufgehängt, weil es unsere ständige Verbindung mit dem Leben, dem Universum und allem, was sich darin befindet, ausdrückt. Es erinnert mich daran, dass ich einen entscheidenden Einfluss darauf habe, wie ich die Dinge sehe, bewerte und gestalte.

Doch Bilder und Sprüche wie diese können auch den Eindruck vermitteln, dass es selbstverständlich sei, die Kontrolle über unser Leben zu behalten. Obwohl wir die Magie des Lebens in uns tragen, beherrschen wir sie nicht. *Sie leitet uns.* Wir beherrschen nicht immer das, was in unserem Leben geschieht. Doch wir können entscheiden, wie wir damit umgehen.

Für mich war es immer Balsam für die Seele, wenn ich mir gegenüber zugeben konnte, gerade keinen Plan zu haben - ob für berufliche oder private Lebensbereiche. Frustriert zu sein auf Grund der aktuellen Situation. Mich verletzlich zu zeigen. Die mächtige Superheldin Isabell mal abzulegen.

Superheldinnen haben mich schon immer angezogen: von Ronja Räubertochter über Pocahontas bis hin zu Sailor Moon. Später liebte ich Carrie Bradshaw aus Sex and the City oder mutige Künstlerinnen und Aktivistinnen. Starke Frauen waren und sind meine Vorbilder. Das, was wir medial konsumieren, sagt viel über unser Bild von uns selbst aus. Wer wir uns wünschen zu sein. Welche Bücher liest du am liebsten? Welche Serien und Filme schaust du gerne? Sind es Liebesfilme mit Frauen, die erobert werden wollen? Actionfilme mit Superheldinnen, die unsere Welt retten? Dokumentationen mit engagierten Frauen oder Männern, die etwas bewegen?

Wahrscheinlich lässt du dich auch gerne von unabhängigen Frauen oder Männern inspirieren. *Gut so.* Doch wie alles im Leben hat das zwei Seiten.

Wenn wir bereit sind, verletzlich zu sein, lassen wir den Druck der Perfektion abfließen. Wie eine Dusche unter einem Wasserfall, der abwäscht, was nicht unsere wahre Natur ist und zurücklässt, was im Einklang mit dem Leben ist: *Verletzlichkeit. Orientierungslosigkeit. Einsamkeit.*

Es braucht Mut, sich diese Gefühle einzugestehen, laufen sie doch dem entgegen, was wir in unserer Gesellschaft lernen. Immer zu wissen, wo es lang geht. Die Macht des Universums in Händen zu halten. Doch besonders in den Momenten der vermeintlichen Schwäche beweisen wir, wie stark wir wirklich sind. Die Magie des Lebens entfaltet sich dann, wenn wir uns vor ihr dankbar verneigen und zulassen, geführt zu werden. Das geschieht immer in unserem besten Sinne, zu unserem höchsten Wohl. Im Rückblick können wir das oftmals erkennen, im aktuellen Moment aber ist es schwer, diese Ungewissheit auszuhalten.

Wir brauchen nicht immer ein Ziel, den Durchblick, einen inneren Kompass, um unser Leben zu gestalten. Wir brauchen nicht einmal irgendwo ankommen. Sondern können uns treiben lassen und öffnen für das, was zu uns kommen will. Ohne etwas Bestimmtes zu erwarten.

In den Momenten der Planlosigkeit ist mein Verstand zurückgetreten und meine Seele durfte spielen. Mein Ego kapitulierte und schrie: *Ich habe nichts mehr zu verlieren! Der Zusammenbruch tat weh. Alle Pläne sind gescheitert, meine Träume geplatzt. Nichts klappt, wie ich es will. Was soll's, ich räum' das Feld.*

Wenn mein Verstand Platz gemacht hat, konnte ich mich frei bewegen. Tanzen, lachen, einfach mal Spaß haben. Den Fluss des Lebens genießen, ohne die nächste Gabelung oder Mündung zu kennen.

Die besten Ideen und Pläne für meine Zukunft sind in diesen Zeiten zu mir gekommen. Mein Verstand hätte sie nie erdacht. Durch Logik hätte ich nie diese oder jene Wege eingeschlagen. Doch mein Herz spürte, was richtig ist. Was zu mir gehört.

In diesen Phasen brauchen wir keine neuen Coaching-Programme, Kurse und Gurus, die uns den Weg zeigen. Sondern vielmehr Zeit zum Ausprobieren, Genießen und Reflektieren. Lasst uns endlich die Zeit nehmen, diese Momente als wahrhaft gute und wertvolle Momente anzuerkennen.

Die dunklen Momente sind diejenigen, die unser größtes Potential für Wachstum bergen. Nicht die 'Easy-Peasy-Zeiten' mit Glanz und Glitter.

Zelebriere die Dunkelheit mit einem Kerzenlicht, Decken, Schokolade oder was immer dich beschützt fühlen lässt.

Das Leben liebt dich.

Glaube an die Kraft des Lebens, dir zu geben, was du wünschst. Oder noch etwas viel Besseres. Denn du bist es wert, in Saus und Braus zu leben mit dem achtsamen Blick auf das Leben, das dich umgibt.

Das Leben ist auf deiner Seite. Das Leben möchte dich glücklich sehen. Das Leben ist da, um von dir genossen zu werden.

Nimm dir die Zeit, mit dem Leben Hand in Hand zu sein.

Träumen ohne Ziel

Erlaube dir, groß und viel zu träumen! Das ist eine Fähigkeit, die uns menschliche Seelen besonders macht. Und was macht mehr Freude, als in uns selbst schon die Realität zu leben, die wir uns im Außen wünschen? Doch sobald diese freudvolle Tätigkeit uns unter Druck setzt, ist der Zweck des Träumens nicht mehr erfüllt. Viel zu lange habe ich mich an Träume geheftet, durch die ich mich unter Druck gesetzt habe, ständig aktiv sein zu müssen. Sie machten mich kühl, steif und hartnäckig, anstatt weich, freudig und leuchtend.

Träumen soll uns den Raum öffnen für eine neue Realität, die wir *gerne* verwirklichen *möchten*. Nicht *müssen*. Träumen soll uns die Möglichkeit geben, innerlich schon mal auszuprobieren, wie es wäre, dies oder das zu sein und zu tun. Träumen soll uns nicht abhängig machen oder ein minderwertiges Gefühl geben, noch nicht gut genug zu sein. Es soll uns nicht das Gefühl geben, dass all das, was wir uns wünschen, noch weit entfernt oder unglaublich viel Arbeit ist. Träume und Ziele sind nicht dazu da, dass wir uns an sie klammern wie an den Rettungsring auf dem offenen Meer der Selbstverwirklichung. Sie sollen Spaß machen!

Wenn ich merke, dass mir das Ziel zu verfolgen keine Freude mehr macht, löse ich mich von dem Ring und lasse mich eine Zeit lang einfach treiben durch die Wellen des Lebens. Auf und Ab. Ich bedanke mich dafür, erkannt zu haben, nicht mehr an den richtigen Traum zu glauben.

Ich gestatte mir, dass nicht alles immer Sinn machen und mich weiterbringen muss. Ich erlaube mir, mich einen Moment lang - oder auch zwei oder drei - verloren zu fühlen. In dieser Verlorenheit finde ich zurück zu mir. Und ich weiß: Dieser Zustand vergeht und macht Platz für einen neuen.

Geduldig warte ich ab, was zu mir kommt. Was vom Leben vorbei getrieben wird. Dann brauche ich nur noch zugreifen und die Chance beim Schopfe packen. Noch nie wurde ich enttäuscht! In den Momenten, in denen ich Träume und Ziele losgelassen habe, sei es in einer unglücklichen Beziehung durch die Trennung oder im Job durch meine Kündigung, hat etwas viel Besseres auf mich gewartet. War das Meer klarer, das Ufer grüner, der Himmel blauer.

Wir werden reicher, wenn wir etwas loslassen.

Etwas auslassen.

Etwas nicht machen.

Dann hat das Leben die Chance,
Neues in unsere offenen Hände zu legen.

Mein inneres Kind heilt mich...

... und ich erkenne, dass eigentlich alles gut ist.

Ich bin eine erfolgreiche Autorin. Das ist eine berufliche Identität, die lange Zeit auf meinem Visionboard stand, während ich mehrere Manuskripte für die Schublade schrieb. Schon als Kind wollte ich Schriftstellerin werden und liebte Deutschaufsätze.

Doch die Gefahr solch einer Überzeugung ist es, dass ich mein Wohlbefinden an die Bedingung knüpfe, diese Identität zu bestätigen - eben eine *erfolgreiche* Autorin zu werden. Mit *erfolgreich* meine ich, einen Verlagsvetrag zu unterschreiben, mit meinem ersten Buch ein großes Publikum zu erreichen und Menschen mit meinen Zeilen zu bewegen. Meine ersten Verlagsbewerbungen versendete ich schon als Studentin. Doch statt des erhofften Erfolges trudelten Absagen in mein Postfach ein und ich saß über meinem fertigen Manuskript und fand es plötzlich nur noch mittelmäßig gut.

Damals entstand ein innerer Konflikt: Ich konnte die Aussage, eine erfolgreiche Autorin zu sein, in jenem Moment und in naher Zukunft nicht über mich treffen. Wer war Schuld daran? Mein mangelndes Talent, die blöden Verlage oder einfach das Leben, das mir diesen Wunsch nicht erfüllte? Vielleicht war dieser Weg nicht für mich bestimmt? Sollte ich mir eine neue Leidenschaft suchen, in der ich besser war?

Diese Fragen will ich mir heute nicht mehr stellen. In den vergangenen Jahren habe ich mich über solche Identitätskonflikte aufgeregt. Ich war wütend, traurig, hoffnungslos und pessimistisch. Fühlte mich machtlos, trotz großem Visionboard, dem mein erster Blick am Morgen galt. Wieso funktioniert es bei anderen - nur bei mir nicht?

Mein Visionboard flog nicht selten in die Zimmerecke. Zu hoch war der Druck, zu traurig der Anblick all der Ziele und zu groß die Kluft zwischen "so will ich sein" und "so bin ich jetzt".

Irgendetwas mache ich wohl falsch, dachte ich, sonst wäre die Rechnung doch schon längst aufgegangen. Vielleicht waren da noch versteckte Überzeugungen in mir, die sich sicher waren, ich wäre nicht gut genug oder hätte es nicht verdient?

Na klar, da hilft nur weiteres Visualisieren meiner Ziele vor dem inneren Auge und Übungen zur Heilung meines inneren Kindes, das sich scheinbar noch gegen den Erfolg wehrt. Ich habe nur *noch nicht genug* dafür *getan*, um erfolgreiche Autorin zu werden ...

Für dieses Problem gab es so viele Lösungen: Online-Kurse und Seminare, für die ich mein Geld ausgeben konnte.

Doch in Wirklichkeit war mein inneres Kind durch unzählige Coachingprogramme und Meditationen schon wund geheilt: Es seufzte, wenn es mich wieder auftauchen sah mit der festen Absicht, mit ihm über vergangenen Schmerz zu sprechen. *Es geht mir gut, Isabell, und ich habe nichts dagegen, erfolgreiche Autorin zu werden. Kümmere dich um dein Jetzt*, sagte es liebevoll und streichelte mir übers Haar.

Okay, mein inneres Kind wusste es besser, *es heilte mich*. Es gab mir das Vertrauen zurück, dass ich schon längst richtig war. Dass ich schon auf dem richtigen Weg war, doch vielleicht etwas ungeduldig mit mir. Bei ihm fühlte und fühle ich mich immer wohl und geborgen.

Ich fing an, wieder eine Einheit mit meinem inneren Kind zu bilden. Vor meinem inneren Auge gingen wir Hand in Hand über die schönste Blumenwiese, die ich mir vorstellen konnte.

Wie ich heute mit der Diskrepanz zwischen Wunsch und Wirklichkeit umgehe? Ich lasse sie gedanklich los und löse mich davon, dass ich jetzt so oder so sein *muss*. Ich nehme an, was ist und schließe Frieden damit. Denn was, wenn das Leben noch etwas viel Besseres für mich bereithält? Was, wenn der Plan für mein Leben ein ganz anderer, so weise ist, dass ich nicht selbst drauf kommen würde? Ich mich einfach mal treiben lassen und zugreifen kann, wenn etwas auftaucht, das mich begeistert?

Mit etwas Abstand und Annahme von dem, was ist, kann ich mit viel mehr Freude zum Buchschreiben zurückkehren - und mit gutem Gefühl plötzlich mehr erreichen, als mit Stress und Wut.

Wer entscheidet, was genug ist?

So ein kurzes Wort, das schnell vergessen wird bei langen Sätzen, die euphorisch unsere Träume beschreiben: das Wort *genug*. Hast du dir schon mal gewünscht, *genug* zu sein? Steht das auf deinem Visionboard?

Viel häufiger finden *Superlative* auf unsere Visionboards und Jahrespläne. Sie werden zu unseren täglichen Begleitern: Ich möchte *viel* Geld verdienen. Ich möchte eine noch *erfolgreichere* Karriere machen. Ich möchte ein *erfüllteres* Leben führen. Ich möchte eine *große* Familie gründen. Die *ganze* Welt bereisen. *Viele* neue Menschen kennenlernen. *Noch mehr* Bücher schreiben. Für ein *genug* ist hier kein Platz.

Ich möchte erkennen, dass ich schon genug bin. Die Visionboards dieser Welt vermissen diesen Satz.

Wer entscheidet eigentlich, was *genug* ist? Was *erfolgreich* ist und wann *Fülle* erreicht ist? Wann das Ziel *genug zu haben* oder *genug zu sein* endlich erreicht ist? Gibt es hierfür Maßangaben? Gewicht, Meter oder Volumen? Wann ist *viel* wirklich *genug*? Das alles sind Konstrukte unseres Verstandes, geformt aus Gedanken des Mangels, des Schmerzes und der puren Existenzangst. Das Mangelgefühl in uns will messen und bewerten.

Niemand wird uns sagen: Jetzt ist es genug. Jetzt reichst du. Jetzt lebst du in Fülle.

Nur wir selbst können uns von den Wünschen nach *mehr* erlösen und sagen: *Ich bin genug. Jetzt und schon immer.*

Das Gefühl, genug geleistet zu haben und genug zu sein, war bei mir ein seltener Gast. Doch es gab immer wieder klare Momente, in denen ich wusste: Ja, ich bin genug und ich war zu jeder Zeit meines Lebens bereits genug, ganz unabhängig von meinen Wünschen und Zielen.

Mir über die Absurdität meiner Ziele bewusst zu werden, dabei half mir die Epilepsie. Sie half mir zu verstehen, dass ich mit meiner bloßen Existenz schon ausreichend bin und nur die Augen öffnen musste für die Fülle, die zu jeder Zeit in meinem Leben war und ist: Gesundheit, eine tolle Familie, eine geborgene Kindheit, ein liebevoller Ehemann, ein kreativer Geist, eine gute Verbindung zu meiner Intuition, das Schreiben als Kanal des Selbstausdrucks, die unendliche Quelle der Liebe in mir und so vieles mehr ...

Das Licht, das ich beim Meditieren im buddhistischen Zentrum auf St. Pauli gesehen und gefühlt habe - was verlangt es von uns, damit es sich zeigt? *Nichts*. Es würde nie eine Bedingung stellen oder eine große Leistung einfordern, um sich uns zu zeigen. Wir müssen nicht *mehr* oder *besser* werden, damit wir würdig sind. Das Licht ist für jede*n da und auch in diesem Moment bei dir, bei mir, bei uns.

Ich lebe.

Jeden Morgen bekomme ich ein
neues Geschenk:

Da zu *sein* ohne Bedingung.

Geliebt zu sein, ohne auch nur einen Fuß aus dem
Bett zu bewegen.

Dafür bin ich dankbar.

Detox deine Morgenroutine

Morgens meditierst du und verbindest dich mit dem Universum? In der Mittagspause praktizierst du Chakrenarbeit zur Reinigung negativer Energien deiner Kolleg*innen? Abends liest du ein Buch über Selbstverwirklichung und machst Yoga?

Cool! Was davon hat dir bisher am meisten geholfen? Welchen Fortschritt hast du durch welche Praxis erzielt?

Die unzähligen Möglichkeiten, die uns die Persönlichkeitsentwicklung und Spiritualität bieten, sind verführerisch. Ständig kommt etwas Neues auf den Markt, mit Sternenstaub bestreut. Über den Guru-Effekt hast du bereits gelesen.

Je mehr wir machen und tun, desto weniger blicken wir durch, was uns wirklich gut tut. Was welchen Effekt hat. Und was davon vielleicht nur eine weitere glitzernde Schicht ist, in die wir uns gerne hüllen. Die uns nur noch weiter von unserem wahren Kern entfernt.

Durch meine Euphorie über die vielen tollen Programme, Techniken und Kurse bin ich schon mal ziemlich 'over-coached' gewesen und wusste nicht mehr, wohin mein Herz mich wirklich zieht. Welche Weltanschauung mir aus der Seele spricht und was so gar nicht meins ist. Was ich wirklich *vertiefen* will.

Will ich Yogi werden - oder doch lieber mehr mit Engeln arbeiten? Möchte ich mich in den Zen-Buddhismus vertiefen - oder doch lieber in den Schamanismus? Ist Chakrenmeditation mein Go-to, was mir immer hilft?

Das Ziel unserer täglichen Praxis sollte sein, mehr davon tun zu können, was uns gut tut und das loszulassen, was uns nur Zeit und Energie raubt.

Jedoch müssen wir nicht um jeden Preis alles ausprobieren und uns am Ende noch stressen, die tägliche Yogaeinheit noch schnell zu praktizieren oder drei Online Kurse auf der To-Do-Liste abzuarbeiten. Weniger ist mehr, besonders in unserer täglichen Praxis.

Wer mehrere Kurse, Programme oder Bücher gleichzeitig konsumiert, hört auch unterschiedliche Meinungen zu einem Thema: Die eine Coachin sagt, du solltest jeden Tag mit Freude und voller Energie für dein Ziel aktiv werden, um dem Universum zu signalisieren, dass du bereit bist. Der andere Guru sagt, dass du deine Ziele dem Universum übergeben und loslassen sollst. Dass du vertrauen sollst, dass sie sich erfüllen, anstatt jeden Tag hart dafür zu arbeiten. Die Expertin sagt: Trinke morgens ein Glas Wasser mit Zitronensaft! Der Berater sagt: Bloß keinen Zitronensaft am Morgen, das ist nicht gut für den Säure-Basen-Haushalt des Zahnfleisches.

Was zum Himmel sollen wir davon glauben?

Widersprüchliche Botschaften können durchaus wertvoll sein, denn sie stellen uns vor die Wahl, was mehr unserer eigenen Wahrheit entspricht. Doch genauso anstrengend kann der Dauerbeschuss dieser unterschiedlichen Botschaften werden.

Nehmen wir das Liebesleben als Beispiel: Hingeben können wir uns nur einer Liebesbeziehung. Wir führen keine fünf Liebesbeziehungen mit derselben Hingabe, auch wenn wir es wollten. Wir werden uns nie jeder Person gleichermaßen widmen können. Wir wertschätzen unser Gegenüber, indem wir uns voll und ganz auf ihn oder sie einlassen. So erfahren wir Liebe in der Tiefe. Wir verstehen und erkennen unsere*n Liebste*n im Kern, wenn wir ihm oder ihr unsere aufrichtige Aufmerksamkeit schenken.

Gleiches gilt für unsere spirituelle Praxis: Geben wir uns einer Methode, Richtung oder Philosophie hin, können wir uns wirklich mit ihr verbinden und sie im Kern verstehen. Danach kann die Reise weitergehen.

Reduzieren wir die verschiedenen Stimmen, die uns inspirieren sollen, wird das Radio, das bisher unverständlich rauschte, plötzlich mit klarer Frequenz senden. Der Klang wird rein.

Konzentrieren wir uns auf nur einen Radiosender und fühlen in uns hinein, ob er mit uns in Resonanz geht - also zu uns passt. So entdecken wir Seelenverwandte, die uns aus dem Herzen sprechen.

Passt es nicht, was wir da hören, lesen oder machen? Dann loslassen! Stoppt die Suche nach der ultimativen Wahrheit. Sie existiert nicht. Am Ende ist unsere innere Stimme die, auf die wir uns verlassen können.

Feuer flackert

Zähneputzen, Zähneputzen, Zähneputzen. Linke Hand bewegt sich. Linke Hand berührt den Wasserhahn. Linke Hand macht lauwarmes Wasser an. Ausspucken, ausspucken, ausspucken.

Es ist der zweite Abend des Vipassana-Retreats. Die wenigen Minuten am Tag, die ich ganz alleine für mich bin, sind die im Badezimmer. Für mich als hochsensibler Mensch, der seinen Rückzug ins Alleinsein genießt, ist das eine große Herausforderung. Auch wenn ich hier ständig unter Menschen bin, gelingt mir das viel leichter, weil ich weniger bewerte, was gerade ist. Ich umarme meine Gedanken und Gefühle und lasse sie langsam davon fließen.
Ich stehe am Waschbecken und mache mich bettfertig. Es ist 22 Uhr und ich bin müde. Müde vom Meditieren, müde von der geballten Achtsamkeit, die ich hier an den Tag lege. Jede Bewegung meines Körpers soll ich im Geiste benennen. Das ist eine Regel. Ich spreche also ständig innerlich zu mir selbst, um im Hier und Jetzt präsent zu bleiben. Durch diese Übung soll der Geist weniger umher springen und *denken*, sondern klar und verwurzelt im Körper sein. Und es funktioniert.

Tür *aufschließen, aufschließen, aufschließen*. Jeden Vorgang *dreimal* benennen. Das entschleunigt meine Bewegungen, denn in Eile klappt diese Übung nicht. Es braucht Zeit, jede Bewegung wahrzunehmen und in Worte zu fassen. Dieses alte Bauernhaus in Schleswig-Holstein ist bevölkert von Zombies: Menschen, die sich in Zeitlupe bewegen. Wie weggetreten aneinander vorbeilaufen. Mit niemandem ein Wort sprechen, nur mit sich selbst. Lautlos. Menschen, die in unbequemen Sitzen erstarrt scheinen. Menschen, die ständig dampfend-duftende Becher mit sich tragen. Menschen, die früh ins Bett und noch früher wieder daraus hervor kriechen.

Ich mag diese Monotonie. Ich gewöhne mich an das Fallenlassen in diese festen Vorgaben, die mich wie ein Netz auffangen.

Hin und wieder schleichen sich in mir Ideen und neue Aufgaben hoch, die ich zuhause angehen möchte, als klettern sie in mir einen tiefen Brunnen hoch, dessen Wände glitschig sind. Sie wollen die innere Leere füllen. Ich schmiede neue Buchideen, der Grundstein für dieses Buch wird gelegt. Mir fällt ein, wer noch auf eine Antwort-E-Mail wartet und wie ich mein Marketing noch besser machen könnte.

Von nichts kommt nichts, sagte mein ehrgeiziger Vater immer zu mir, als ich zur Schule ging. Nichtstun fällt mir heute noch schwer. Es gehörte sich damals nicht. Einfach nur zu *sein*, dafür war ich nicht gemacht, habe ich gedacht. Es gibt doch so viel zu *kreieren* oder einfach nur zu *erledigen*!

Alte Überzeugungen, die mir in meiner Schulzeit sehr gute Noten eingebracht haben - sie klettern jetzt in mir hoch.

Die achtsame Benennung meiner Gedanken, Gefühle und Handlungen hilft mir. Es ist, als gieße ich Wasser in den Brunnen und die fiesen kleinen Antreiber verlieren an den feuchten Wänden ihren Halt. Doch ich weiß, sie werden wiederkommen, früher oder später.

Sie kommen immer wieder, nur jedes Mal etwas langsamer. Ihre Muskeln werden zu Wackelpudding, sie brauchen immer länger, um den Brunnen hochzusteigen. Sie kommen weniger stark. In meinem Alltag kann ich bis heute immer mehr Minuten, Stunden und sogar hin und wieder Tage am Stück wenig produktiv sein und mich richtig gut damit fühlen. Wenn sie dann kommen, die Bewohner tief auf dem kühlen Grund in mir, dann nutze ich sie für kreative Höchstleistungen und für das Erschaffen mit Freude. Neue und vor allem *neuartige* Ideen zügig umzusetzen, darin bin ich einfach richtig gut. Ohne meine Brunnenbewohner wäre das nicht möglich ...

Dankbar, mich gleich in mein Bett fallen lassen zu können, steige ich die Treppe zum Schlafraum hoch. Stufe für Stufe. *Rechts, links, rechts, links.* Eine innere Klarheit entsteht, die mich vieles mit neuen Augen betrachten lässt. Zwischen den Meditationsphasen dürfen wir kleine Pausen einlegen. Spazierengehen, Tee kochen, vor dem Kamin sitzen. Heute habe ich es mir dort gemütlich gemacht. Ich liebe es, in die Flammen zu blicken und keine andere Aufgabe in meinem Leben zu haben. Ich darf nur sitzen, blicken und sein. Das ist genug. Ich *bin* genug.

Durch diese Ruhe bahnt sich meine Seele ihren Weg zu mir. Vorbei an den Brunnenbewohnern. Ich komme ihr auf halber Strecke entgegen und nehme sie als Intuition wahr, die zu mir spricht. Dieses Mal ist kein Dickicht aus Gedanken-Gestrüpp da, das diese innere Stimme hätte zurückhalten können. Im Kaminzimmer habe ich Eingebungen, wie ich mein Leben anders gestalten möchte. Was mir wirklich wichtig ist: Die innere Unabhängigkeit vom Gelingen meiner Pläne, vom Erreichen meiner Ziele. Zum Beispiel. Dass der gegenwärtige Moment das Wertvollste ist, was ich habe. Wertvoller als alle Zukunftsvisionen. Ich beschließe, mehr zu *leben, zu genießen und wirklich präsent zu sein.*

Feuer flackert, flackert, flackert. Ich weiß, weiß, weiß, alles ist gut.

Gefühle lügen nicht

Gefühle tragen uns auf Wolken, wenn wir euphorisch sind, verliebt oder dankbar. Sie geben dem Leben Tiefe, wenn wir wütend, enttäuscht oder melancholisch sind. Gefühle sind Berge und Täler, die wir durchqueren und überwinden. Gefühle sind Botschafter, die Alarm schlagen, wenn etwas nicht stimmt.

Gefühle können Reaktionen unserer Identitäten auf äußere Trigger sein. Sie deuten genau auf die Stelle in dir, wo du eine Identität hast, die sich gerade herausgefordert fühlt oder um Anerkennung kämpft.

Ich bin wertvoll, wenn ich Leistung erbringe. Diese Identität hat mich nicht selten mit meinem Mann aneinander geraten lassen: Seine entspannte Art, mit täglichen Aufgaben und langfristigen To-Do's umzugehen, recht gelassen durch sein berufsbegleitendes Studium zu gehen und als Musiker nebenbei an seinen Songs zu arbeiten, nervte mich in der Vergangenheit. Insgeheim habe ich mich danach gesehnt, auch so entspannt mit meinem täglichen Schaffen umzugehen, wie er. Stattdessen war ein Tag für mich besonders wertvoll und befriedigend, wenn ich abends kaputt im Bett lag. *Dann* kribbelte jede Zelle vor Freude. Mein Mann hingegen nahm sich immer wieder Freiräume für in meinen Augen sinnlose Beschäftigungen wie Fernsehen, während ich mir noch mehr Arbeit auflud. Er wurde entspannter, ich frustrierter.

Beobachten wir, was uns an anderen Menschen triggert, führt uns das auf direktem Wege zu der destruktiven Identität in uns, die uns steuert. Wie ich auch anders leben und arbeiten kann, habe ich durch meinen Mann erfahren. Ich habe erkannt, wie sehr ich meine innere Zufriedenheit von der erbrachten Leistung abhängig gemacht habe. Und das seit meiner Schulzeit. Zwei Jahrzehnte dieser Identität waren mir eindeutig genug ...

Wenn wir zulassen, die unerwünschten Gefühle zu fühlen, können sich die Identitäten nicht länger verstecken. Sie müssen sich zeigen und wissen, dass wir sie hinterfragen werden. Dass wir die Macht haben, sie loszulassen. Und davor haben sie Angst. Ihre Existenzgrundlage ist bedroht und das ist gut so!

Warst du ein braves Kind?

Unsere Gefühle zu erkennen, ist der erste Schritt zur Veränderung. Gefühle sind die Botschafter unseres Unterbewusstseins. Es geht nicht darum, die als negativ empfundenen Gefühle nicht mehr zu fühlen. Es geht darum, die Gefühle anzunehmen, in all ihrer Vielfalt. Denn Gefühle sind immer ehrlich zu uns. Sie lügen nicht. Sie verschleiern nichts. Nur unser Verstand tut es, damit wir die gewohnten Identitäten bloß nicht zum Mond schießen.

Unsere Schattenseiten in uns sind die verdrängten Gefühle, die wir seit unserer jüngsten Kindheit in uns tragen. Wir wundern uns, warum alles so anstrengend ist und wir nicht durch unser Leben fließen können. Das sind die nagenden Gefühle, die in der hintersten Ecke der letzten Kammer unseres Herzens eingesperrt wurden, um nie mehr angesehen werden zu müssen. Hässliche kleine Dinger, diese Wut, diese Angst, diese Scham, das Gefühl, allein und hilflos zu sein. Mit ihnen sind wir weniger produktiv, funktionieren nicht so gut im Job oder in der Familie. Sie sind unangenehme Zeitgenossen.

Schon als Kinder waren wir weniger erwünscht, wenn wir schreiend im Supermarkt lagen, weil wir das Ü-Ei haben wollten oder im Streit der Schwester an den Haaren gezogen haben. Besser, wir reißen uns zusammen und schlucken die Gefühle runter. So kommen wir leichter durchs Leben und haben das Gefühl, von unseren Eltern mehr geliebt zu werden. Als brave Kinder. Diese braven Kinder sind jetzt erwachsen und abgetrennt von den Emotionen, die tief in ihnen um Aufmerksamkeit kämpfen. Dieser innere Kampf ist anstrengend.

Unsere Schatten zu fühlen, tut weh. Unser Verstand möchte gut arbeiten können, und mit diesen Gefühlen kann er echt nicht gut umgehen. Wie ein Detektiv macht er sich auf die Suche nach Gründen, warum es uns gerade nicht gut geht. Doch viele dieser Gefühle lassen sich nicht rational erfassen und erklären. Sie sind chaotisch, komisch, unverständlich. Sie sprechen keine Sprache, die wir kennen. Doch sie sind auch reinigend, erkenntnisreich und freuen sich, wenn sie gefühlt werden.

Wir gewinnen mehr, wenn wir uns erlauben, die Gittertüren in unseren Herzen zu öffnen, um die dunklen Wesen rauszulassen. Denn dann erkennen wir, dass sie in Wahrheit nicht weniger bezaubernd sind als die lichtvollen Anteile in uns.

Es geht darum, die Splitter der ungeliebten Gefühle wieder einzusammeln und zu integrieren. Sie wieder mit dir zu verbinden, damit ihr eine Einheit bildet. Eins seid.

Wie Scherben eines zerbrochenen Spiegels einzelne Fragmente eines Ganzen sind. Zersplittert wird er nie das ganze Bild zeigen können, sondern immer ein zerrissenes. Fügst du die Scherben wieder zusammen, spiegeln sie ein vollkommenes Bild. Und das bist du.

Gefühle sind deine Freunde.

Sie sind näher an deinem Herzen als dein Kopf.

Der Club der Schattenfürchter

Erklärt auch dir dein Verstand, dass du Licht und Liebe bist und gefälligst auch jeden Tag, jede Stunde und jede Sekunde nicht weniger als das sein sollst? *Glückwunsch*. Willkommen im Club der Schattenfürchter.

Natürlich sind wir Licht und Liebe - zu jeder Zeit. Doch wir haben auch Schatten, wie die Trauer, die Wut oder das Gefühl, wertlos zu sein. Das Spektrum unserer Gefühle schillert in unendlich vielen Farbnuancen. Für mich, und vielleicht auch für dich, geht es in diesem Leben nicht darum, nur Licht zu sein und immer in purer Liebe durchs Leben zu schweben.

Menschen, die sich in der modernen spirituellen Szene oder im Bereich der Persönlichkeitsentwicklung bewegen, laufen Gefahr, sich von ihren Schattenseiten abzuwenden. Das innere Licht strahlen lassen, die eigenen Glaubenssätze loslassen und Blockaden wie Mauern einreißen - das sind häufig angestrebte Ziele von uns *Suchenden*. Davon schließe ich mich nicht aus. Ich war lange Zeit mittendrin in der Suche. Auf dieser spirituellen Suche geht es immer nach *vorne*. Nach *oben*. Der Dunkelheit den Rücken zugewandt, streben wir Suchenden dem Licht entgegen. Wie die Motten. Motten, die sich am Licht verbrennen und zu Boden segeln, wenn sie nicht aufpassen ...

Wir Lichtsuchenden drohen uns an unserem eigenen Streben zu verbrennen.

Auf dem eigenen Weg des Erinnerns, wer ich wirklich bin, bin ich irgendwann - wie viele von uns - auf einen inneren Vorhang gestoßen. Hier ging es plötzlich nicht weiter nach vorne. Milchig schien das Licht hinter dem Vorhang. Es war die helle Quelle, die ich so sehnlich erreichen wollte.

Dieser Vorhang, vor dem alle Suchenden irgendwann ankommen, ist ganz schön unbeweglich. Steine beschweren den Saum, damit er sich nicht so leicht zur Seite schieben lässt. Auf den Steinen steht mit Kreide geschrieben:

Ich bin verbunden.

Ich bin ein Wunder und ich ziehe Wunder in mein Leben.

Ich bin finanziell erfüllt.

Ich bin immer knapp bei Kasse.

Ich bin es nicht wert.

Ich muss mehr leisten.

Ich bin Licht.

Die Steine, die den Vorhang beschweren, sind unsere Identitäten. Sie wollen uns davon abhalten, unser wahres Wesen zu erkennen. Anstatt uns zu überlegen, wie wir die Steine losmachen können, hängen wir neue daran - und denken, der Wahrheit damit näher zu kommen.

Es klingt paradox, doch auch die scheinbar positiven Überzeugungen wie *Ich bin wertvoll* oder *Ich bin Licht* sind Ziegelsteine am Vorhang und wollen bestätigt werden. *Ich bin Licht. Immer.* Wehe dem, wir rutschen mal aus unserem Licht in unsere Schatten oder fühlen uns mal nicht wertvoll. Dann schimpft eine Stimme in uns: *Du bist aber Licht, verdammt, streng dich doch an. Wechsle vom Schatten ins Licht, strahle, sei gut drauf!*

Vermeintlich positive Identitäten können uns genauso unter Druck setzen und belasten, wie die negativen. Doch meist haben wir nur Angst vor den Anteilen in uns, die das Gegenteil von Licht sind. Diese Schattenseiten verdrängen wir, erlauben uns keine miese Laune oder Angst im Bauch zu fühlen.

Wem gehört diese Stimme, die uns so unter Druck setzt, die selbst gesteckten Identitäten zu erfüllen? Unserem Verstand. Unserem eisernen Willen. Der Wille ist der Vollstrecker des Verstandes, sein Handlanger, der mit zusammengebissenen Zähnen loszieht und versucht zu erfüllen, was der Verstand sich einmal in den Kopf gesetzt hat. Bereit, Gewalt anzuwenden, wenn nötig. Gewalt gegen uns selbst.

Wir stehen also immer noch vor dem Vorhang mit den schweren Ziegelsteinen und erkennen: Diesen Ballast hat unser Verstand hierher geschleppt. Wir denken: Puh, jetzt muss ich aber sehr fest ziehen, Stunden um Stunden, bis der Vorhang sich vielleicht ein kleines Stückchen heben lässt. Wir arbeiten uns mit Meditationen, Online Kursen und Workbooks daran ab. Doch der feste Stoff will kaum nachgeben. Die vielen Tools und Techniken und eine umfangreiche Morgenroutine bringen uns weiter voran. Doch sie bringen uns nicht zwangsläufig zurück zu dem, wer wir wirklich sind. Denn all diese Aktivitäten halten uns beschäftigt und davon ab, in die Stille zu gehen und mit uns selbst einfach nur zu sein. Uns *auszuhalten* mit allen Anteilen.

In Wahrheit ist es gar nicht so schwer. Wenn wir der leisen Stimme in uns Raum geben und zuhören, verstehen wir: Eine kleine Bastelschere reicht, die Stricke mit den Ziegelsteinen zu durchtrennen. Hat jede*r zuhause.

Die Bastelschere steht für die Annahme all deiner Anteile, ob Licht oder Schatten. Der Vorhang lässt sich lüften, für einige Augenblicke oder lange Zeit. Ohne großes Training, Vorbereitung und schweißtreibende Arbeit. Wir sind kein Guru, nicht erleuchtet. Und doch sind wir genug. Wir sind es wert, das innere Licht zu entdecken, und unsere Schattenseiten helfen uns dabei. Kein Grund, sie weiter zu fürchten.

Kündige deine Mitgliedschaft im Club der Schattenfürchter noch heute.

Emotionaler Schmerz zeigt dir,
wo du gegen deine Natur handelst.

Schmerz ist eine innere Rebellion.

Wege zur Erleuchtung

Welcher Weg führt dich zur Erkenntnis? Die folgenden drei Personen können vielleicht eine Antwort auf diese Frage geben:

Schwester Mathilde

Sie arbeitet im Klostergarten. Die Mauern, die sie von dem kleinen fränkischen Ort trennen, sind dick. Als würden sie alles Gesagte und Geschehene im Dorf verschlucken wollen, damit sie und ihre Schwestern davon unberührt ihre Arbeit verrichten können. Sie ist schon lange im Orden und hat schon viele Psalme rezitiert, sich Gedanken um die Wahrhaftigkeit allen Lebens gemacht und Eingebungen erhalten. Bei der regelmäßigen Gartenarbeit zwischen den Klausuren kommen ihr die besten Erkenntnisse über den Sinn des Menschseins und der Verbindung zu Gott.

Als sie ihr Kreuz berührt, so flüchtig und liebevoll, wie sie es immer tut, wenn die Erde an ihren Fingern klebt, spürt sie die Verbindung. *Du bist auf dem rechten Weg, wenn du dich durch die Arbeit in der Natur mit der Schöpfung vereinst. Du bist wahrhaftig, wenn du dich im Gebet dem Göttlichen hingibst.* Die innere Stimme, die sie jetzt immer öfter vernimmt, hat gesprochen.

Sadhu Amar

Er sitzt schon lange so unterm Baum. Seine Beine gekreuzt und sein rechter Arm gen Himmel gestreckt, wird er sich in diesem Leben wohl gegen jede andere Haltung sperren. Selbst, wenn er sie noch ändern könnte.

Vorbeilaufende und Bewunderer, die hierher gereist sind, um ihn zu sehen, vermuten, dass er sein glühendes Lebensfeuer meisterhaft in seinem Herzen versammelt hat. Sodass das Leben in den letzten Jahren aus Armen und Beinen und was sonst nicht lebensnotwendig ist, entwichen ist. Doch Amar weiß, dass er lebendiger nicht sein könnte. In jeder Zelle. Er hat sich schon vor dutzenden Monden, so misst er die Zeit, der unendlichen Quelle des Seins genähert und verstanden. Er hat den Sinn dieser Inkarnation erfahren. Im Sein hat er gespürt, was wahrhaftig ist. Das führte zu seinem Entschluss, allen Identitäten zu entsagen. Bis auf die Identität, die sich die Menschen, die ihn täglich bestaunen, ohnehin über ihn bilden: Amar, der verrückte Sadhu, der sich nur von Licht und einigen gespendeten Gaben ernährt.

Jeffrey McGregor

Sein Haar weht im Wind. Das Pferd wird unruhig, es will hinab ins Tal preschen, das ihr gemeinsames Zuhause ist. Doch er kann sich wie immer nicht satt sehen am Anblick der Bergkuppen, die zu dieser Jahreszeit den letzten Schnee loslassen und sich glühend dem Himmel entgegen recken. Diesen Moment lässt er sich nicht nehmen, auch nicht durch den unbändigen Jonny, seinen Mustang. Sein Land dient ihm und er dient seinem Land. Ein ewiger Kreislauf. Nie wieder würde er etwas anderes herbeisehnen als das Sein in der Natur und den Genuss der puren Wildnis. Da ist dieses Gefühl, angekommen zu sein zu dem Ort, an dem seine Seele vor langer Zeit einmal gelandet ist und sich verwurzelt hat. Die Natur spricht zu ihm als seine Quelle, und er weiß, was für ihn wahrhaftig ist. Dann gibt er Jonny nach und lässt sich von ihm ins Tal hinab tragen.

Zwei dieser Personen sind frei erfunden. Sadhu Amar lebte wirklich. Die Drei stehen für mich exemplarisch für die Nichtexistenz der *einen Wahrheit*. Es gibt keinen richtigen Weg zur Erkenntnis, nur *deinen* für den aktuellen Moment richtigen Weg. Wer immer dir "den richtigen Weg" zu welchem Preis auch immer verkaufen will: Höre nicht hin.

Lausche dir selbst.

Der Sinn unserer Existenz

Vielfach suchen wir im Außen nach Sinnhaftigkeit im Leben. Wir suchen nach einer Existenzberechtigung, die außerhalb von uns liegt. Schließlich nehmen wir von Mutter Erde Nahrung und Raum. Wir laufen mit einem ökologischen Fußabdruck durch die Welt, den wir am Liebsten schrumpfen lassen möchten. Kurzum: Wir suchen nach einem Ausgleich zu unserem *Nehmen*. Wir wollen zurück*geben*.

Wir wollen mit unserem Leben einen positiven Unterschied machen, Menschen, Tieren oder der Umwelt helfen. Einem höheren Zweck dienen. Eine gute Absicht!

Doch das brauchen wir nicht, zumindest nicht, um unseren Wert zu beweisen. Unser Sein ist schon längst berechtigt - und zwar mit der Entscheidung, dass unsere Seele diese Zeit, diese Familie und diesen Körper gewählt hat, um in diese äußere Hülle hineingeboren zu werden.

Mit deiner Zeugung hast du es verdient, hier zu sein und ein glückliches und erfülltes Leben zu führen. Das ist dein Geburtsrecht.

Unsere Seelen müssen sich nicht beweisen. Wir sind der sichtbare Beweis für die universelle Energie, die alles umgibt und ihre Wirkung entfaltet.

Natürlich wollen wir unseren Beitrag leisten und das ist auch gut so. Die beste Grundlage, um unseren Beitrag zu leisten, ist es zuallererst, unser Leben mit Freude zu *leben*. Das ist der Sinn unserer Existenz. Zu *leben* ist schon *genug*. Um nicht nur uns selbst zu dienen, sondern unsere Stärken, Talente und Passionen zum Wohle anderer zu teilen, haben wir ein (oder mehrere) *Warum* in dieses Leben mitbekommen.

Dieses *Warum* kann zum Beispiel durch die berufliche Arbeit in die Welt transportiert werden - oder durch ein Ehrenamt oder ein Hobby. Oder durchs Mutter- oder Vatersein. Doch was wäre, wenn wir diesen Job, das eigene Business oder die Familie aus irgendeinem Grund verlieren würden? Was wäre, wenn wir aus gesundheitlichen Gründen kürzer treten müssten? Oder mit 40 Jahren in Frührente gehen würden? Was bliebe uns dann?

Dieses Gedankenexperiment verdeutlicht, dass auch der Beruf, die Selbstständigkeit oder die Familie nur ein *Ausdruck* unseres Warums sein kann. Es ist aber nicht *das* Warum. Denn würde uns der Job genommen, würde uns damit unsere Existenzberechtigung abhanden kommen. Wer alles auf diese äußerlichen Erfolgsfaktoren setzt, bewohnt ein Haus ohne Fundament, das beim kleinsten Beben zusammenzubrechen droht.

Das *Warum* verstehe ich vielmehr als Intention, mit der wir in dieses Leben geboren werden. Diese Absicht äußert sich im besten Falle in einem klaren Wissen, was wir bewegen wollen. Oder als Freude, die uns in eine gewisse Richtung zieht. Im besten Falle spüren wir, was uns erfüllt und zum Strahlen bringt - und was nicht. Unsere Gefühle sind dabei Wegweiser und lenken uns dorthin, wo wir sein sollten. Wo wir uns am richtigen Platz fühlen. Wo wir uns in diesem Leben wirklich zuhause fühlen.

Da unser Warum eine enorme Energie hat, will es gelebt werden. Es strebt von innen nach außen in die Sichtbarkeit. In die Fühlbarkeit. Es fordert von uns, dass wir es verkörpern und in Handlung verwandeln. Zum Beispiel bringen wir mit unserem Traumjob mehr Gerechtigkeit in die Welt. Wir bauen Brücken zwischen Menschen, die sich streiten. Wir senden Hoffnung und Vertrauen in die Welt, indem wir beratend tätig werden. Oder wir machen Menschen achtsamer und bewusster für die Auswirkungen ihrer Handlungen. Was auch immer es ist:

Das Warum kann in vielen verschiedenen Verpackungen transportiert werden, ist aber nicht für immer auf eben diese äußere Verpackung.

Die Hülle kann genauso gut aufgerissen, weggeworfen und durch eine neue ersetzt werden. Die Intention bleibt dieselbe, nur die Form, wie wir sie nach außen transportieren, verändert sich. Das macht uns flexibel, spontan und verleiht unserem Schaffen die volle Energie, die langfristig - vielleicht unser gesamtes Leben und darüber hinaus - wirkt. Ist ein Job gekündigt oder das Business eingestellt, lebt unser *Warum* weiter. Wir können immer wieder darauf aufbauen und etwas Neues kreieren. Diese innere Einstellung macht uns stabil gegenüber Veränderungen, die unser Leben durchrütteln können.

Ich baue Brücken zwischen unserem irdischen Sein und unserer Seelenheimat im Universum. Ich vereine zwei Hälften zu einem vollkommenen Ganzen. Das ist mein *Warum*. Mein Warum ist auch, Menschen wieder mehr mit ihren Gefühlen in Kontakt zu bringen und inneres Wachstum zu unterstützen. Am liebsten kleide ich mein *Warum* in das geschriebene Wort. Der Kanal des Schreibens ist bei mir so offen, dass ich Ideen und Eingebungen folge und diese ohne große Mithilfe meines Verstandes zu Papier bringe. Doch ich weiß, dass ich mein *Warum* auch auf andere Arten und Weisen ausleben kann und auch noch werde. Zum Beispiel als Mentorin, als Mama, Freundin, Frau, Tochter und so vieles mehr. Das zu wissen macht mich neugierig und vorfreudig auf das, was kommt.

Das eigene *Warum* auszuleben, geschieht am Besten in einer Balance aus Tun und Sein. Ein Leben, dass wir auf das Tun ausrichten, auf das Kreieren und das Dienen anderer, wird vielleicht ein erfolgreiches Leben. Aber nicht unbedingt ein glückliches und gesundes. Ein Leben, das auf das Sein ausgerichtet ist, ist schon genug und kann von vielen Momenten des Glücks aus uns selbst heraus geprägt sein. Doch es kann sich auch egoistisch oder einsam anfühlen. Es braucht die Balance aus Tun und Sein. Dann fühlt sich das Leben vollständig und harmonisch an.

Das Beste für dich selbst und die Welt wirst du durch eine gesunde Balance zwischen Tun und Sein erschaffen.

Die wahren Aufgaben im Erdenleben

Ich glaube, in diesem Leben erwartet mich nicht die ultimative Erleuchtung, die mich von möglichen Wiedergeburten erlöst. Es sind vielmehr kleine Erwachen, die mich - die uns alle - begleiten.

Für mich ist dieses Leben da, um mehr und mehr mein wahres Wesen zu erkennen und zu fühlen. Neben meinem *Warum*, mit dem ich anderen Menschen dienen kann, ist es meine persönliche Aufgabe, den himmlischen Ursprung meiner Seele zu lieben - genauso wie meine irdische Heimat mit all ihren Genüssen zu zelebrieren *(In Wirklichkeit ist die Erde genauso kosmisch wie jeder andere Planet und Stern des Weltalls. Wir nehmen die Erde nur als getrennt vom Universum wahr, weil wir aus der Froschperspektive ins Himmelszelt blicken).* Es ist meine Aufgabe, beide Herkünfte, universell und irdisch, in mir in Einklang zu bringen:

Seele und Körper.

Sterne und meine nackten Füße im Gras.

Universum und Mutter Erde.

Lichtenergie und richtig schön fettige Pizza.

Geschwister Licht und Dunkel

Deine Seele hat sich ausgesucht, zu dieser Zeit in dieses Leben zu kommen als die Person, die heute dieses Buch liest. Du hast gewählt. Die Entscheidung ist bereits gefallen. Und du bist jetzt hier, um alles anzunehmen, was bisher in deinem Leben passiert ist. Und anzunehmen, dass nicht immer alles Licht und Liebe sein kann und das du dennoch, oder gerade deshalb, ein erfülltes Leben führen kannst. Nur du allein kannst dir die Erlaubnis dazu geben, dass das für dich möglich ist: ein erfülltes, freudvolles, intensives, facettenreiches Leben mit Licht und Liebe und mit Schmerz. Hand in Hand. Wie Bruder und Schwester. Denn in Wirklichkeit stammt der Schmerz von derselben Mutter ab, wie das Licht. Die Mutter heißt Einheit.

Wir dürfen aufhören, die schönen Seiten in uns von den weniger angenehmen Seiten zu trennen. Geschwister sollte man auch nicht trennen, denn sie brauchen einander, um miteinander zu wachsen. Sie haben sich das Leben als Geschwister schon vor der Zeugung ausgesucht, dessen bin ich mir sicher.

Die Aufgaben des Lebens

Erinnere dich an deinen letzten miesen Tag zurück: Du bist morgens aufgestanden, hattest vielleicht schon Kopfschmerzen oder Gedanken, die dich belasten. Du hattest vielleicht keine Lust zur Arbeit zu fahren oder abends eine Freundin zu treffen. Vielleicht nimmst du dir morgens immer etwas Zeit für dich, meditierst, machst Yoga oder gehst mit dem Hund raus. Und in dieser ruhigen Zeit für dich hast du - oder besser dein Verstand - dir gesagt:

Jetzt reiß dich mal zusammen. Komm wieder in deine Kraft. Denk positiv. Du bist doch in letzter Zeit schon so sehr gewachsen, dass du immer an dich glaubst und immer nach vorne schaust. Diese fiesen Gedanken gehören der Vergangenheit an. Gib jetzt nicht auf!

Spricht da die Liebe oder die Angst aus dir? Anders gefragt: Was hätte die Liebe dir wohl stattdessen gesagt?

Die Liebe sagt immer: *Du bist genau richtig so, wie du jetzt bist. Mit all deinen Gedanken und Gefühlen.*

Mein eiserner Wille, der unbedingt meine erhellenden Gedanken durchboxen wollte, hat mich ganz schön im Klammergriff gehalten - und macht das an manchen Tagen noch immer. Er will einfach nicht zulassen, dass ich gerade nicht dem vermeintlichen Ideal entspreche und mich einfach mal mies fühlen und negativ denken darf.

Als ich erkannt habe, dass genau diese Herausforderung zu meinen Lebensaufgaben gehört, konnte ich viel gelassener mit dem inneren Zwiespalt umgehen. Ich weiß, dass ich nicht davonlaufen kann. Ich habe ein Leben lang Zeit, diese Aufgabe immer wieder zu bearbeiten. Ich stelle mich dem inneren Kampf und weiß, dass ich damit schon ein bisschen mehr Frieden schaffe. Himmel und Erde in mir zu vereinen, Licht und Schatten, und alles als Teil von mir anzuerkennen - Challenge accepted!

Folgende Aufgaben bearbeite ich in diesem Leben – und es kommen sicherlich noch welche hinzu:

- Meine Schattenseiten annehmen,
- mich in all meinen Facetten ausdrücken,
- mit mir und meiner Energie achtsam umgehen,
- meinen Bedürfnissen folgen,
- mich bewusst erden,
- mich von inneren Grenzen befreien,
- Grenzen setzen, wo andere sie gerne übertreten,
- meine Wahrheit sprechen und dazu stehen,
- bewertende Gedanken schneller loslassen,
- eine liebende Mutter für meine Kinder werden,

- mir selbst eine liebevolle Mutter sein,
- noch mehr und bedingungsloser lieben,
- Einheit herstellen, wo ich Trennung erlebe,
- kreative Ideen ins Leben gebären,
- mit meinem täglichen Tun die Welt lichtvoller machen,
- dabei einfach Spaß haben
- und die Dinge und mich selbst nicht zu ernst nehmen.

That's it. Ist doch ganz einfach, oder?! :) Gut, dass ich dafür ein Leben lang Zeit habe - und vielleicht sogar ein weiteres.

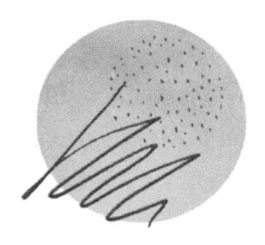

Deine Aufgaben im Leben

Welchen Aufgaben möchtest du dich in diesem Leben widmen? Welche Aufgaben trägt das Leben (vielleicht immer wieder) an dich heran? Schreibe es intuitiv auf. Diese Liste darf sich wandeln – sie ist dynamisch!

- _____
- _____
- _____
- _____
- _____
- _____
- _____
- _____
- _____

Wut zerreißt

Unsere Zwei-Zimmer-Wohnung im Hamburger Norden hatte sich nie kleiner angefühlt als in dieser Zeit nach meinem epileptischen Anfall im Berliner Hotel. Zwei Wochen waren seitdem vergangen. Vor ein paar Tagen war das Sofa noch der Mittelpunkt meiner Welt gewesen. Mittlerweile war mein Universum schon wieder auf Schlafzimmer, Wohnzimmer, Küche und Bad expandiert. Ich habe die Zeit unter der Sofadecke damit verbracht, mich wieder zu *fühlen*. Wieder die leise Verbindung zu spüren, die sich zu meinem Inneren aufbaute.

Doch in der kleinen Wohnung an der Alster war nicht genug Raum, meinen Schmerz unterzubringen. Er wuchs über die Zimmer hinaus auf unsere frostigen Balkone, die im Winter wie verlassene Vogelnester am Haus hingen. Die Zeit nach meinem Zusammenbruch erinnere ich nur in Bruchstücken. Der Himmel war die meiste Zeit genauso düster wie meine Stimmung. Kein Sonnenstrahl kitzelte mich am nächsten Morgen wach und vermochte mir ein Lächeln zu entlocken.

Ich weiß noch, dass ich eines Nachmittags, endlich nicht mehr auf dem Sofa liegend, auf dem Teppich vor dem Bücherregal saß und meine selbst entwickelten Coachingunterlagen zerriss. *BriefMe - das Jahrescoaching für deine Ziele und Visionen*, dieser perfekt gestaltete Schriftzug lächelte mich an, als wären die letzten Wochen nie geschehen. Sie hatten mich mit nach Berlin begleitet, wo ich sie einem Verein für junge Erwachsene vorstellen wollte in der Hoffnung, sie würden das Coachingprogramm ihren Schützlingen anbieten. Der Anfall hatte mir einen Strich durch die Rechnung gemacht.

Die Unterlagen forderten mich nun stumm auf: *Mach weiter! Poste auf Instagram. Mach Werbung für dein Programm. Du willst doch Menschen helfen, ihre Ziele und Träume zu erreichen. Und du willst deinen Unterhalt damit verdienen und endlich deinen Job kündigen. Los!*

Es gab eine Zeit, in der mich der Anblick der schön designten Unterlagen beflügelt hatte. Ein aufgeregtes Grinsen hatte sich auf mein Gesicht gelegt, wenn ich an den Kartons mit den Unterlagen vorbeigegangen war. Das Coachingprogramm war neuartig. Neben den Unterlagen und Videos gehörte auch ein Briefservice zum Programm: Die Briefe, die sich die Teilnehmenden jedes Quartal an ihr zukünftiges Ich verfassten, schickten sie an mich. Nach Ablauf des Quartals sendete ich die Briefe zurück an ihre Verfasser*innen.

Meine Grafikdesignerin wurde zu einer guten Bekannten, stundenlang hatten wir an den Unterlagen gearbeitet, hunderte Euro investiert. Die Wohnung war mit der Lagerung der gedruckten Unterlagen noch kleiner geworden, einen Kellerraum hatten wir nicht. Mein Mann hat mich immer unterstützt und darin bestärkt, auf dem richtigen Weg zu sein. Auch wenn unser Wohnzimmer immer mehr einem Lagerraum meiner Träume glich.

Nun lächelte nichts mehr in mir. Tränen schwammen vor meinen Augen. Die Kartons waren zu Gewichten geworden, die an meinen Beinen hingen. Sie waren mir schon nach Berlin gefolgt, hatten mich im Frühstücksraum des Hotels vom Stuhl gerissen. Jetzt waren sie bereit, mich in der Alster zu versenken, wenn ich das nächste Mal zum Spaziergang dorthin aufbrach. Es war Zeit, die Fesseln zu lösen, das wusste ich. Die Fesseln der hohen Ansprüche an mich selbst und der falschen Träume, für die ich nie wirklich gemacht war. In der Rolle der Coachin hatte ich mich nie richtig wohl gefühlt. In Workshops ließ ich den Blick über die Teilnehmenden schweifen, stellte Aufgaben, besprach Ergebnisse - und fühlte mich falsch in der Rolle. Als hätte ich eine Verkleidung angezogen, das Outfit einer Coachin.

Immer häufiger hörte ich diese innere Stimme in mir fragen: *Was machst du hier eigentlich?*

Krscht. Jedes zerrissene Blatt machte mich noch wütender auf das folgende. Die Wut kochte hoch und ließ mich schreien. *Du verschissenes BriefMe. Ich hasse dich! Niemand braucht dich. Besonders ich brauche dich nicht mehr!*

Warum hatte ich mir nicht schon früher eingestanden, dass ich keine Coachin mehr sein wollte? Dass diese Berufung nie die meine gewesen war? War ich wirklich so blind und taub für die Botschaften meiner Seele gewesen?

Um die Dramatik zu steigern - und um mich von *BriefMe* zu reinigen - zündete ich ein Blatt an und ließ es in eine Schale sinken. Ich betrachtete die Flammen, die zurückholten, was nicht länger zu mir gehörte. Als ich die Balkontür öffnete, zog der Rauch an die kalte Winterluft. Es tat gut, meine Vergangenheit loszulassen. Feuer kann ganze Wälder verschlingen. Unter der zurückbleibenden Asche liegt der Neubeginn als Samen vergraben. Die Erde ist fruchtbar. Mit der Zeit und einigen Regenschauern erwächst neues Leben daraus. Aus Zerstörtem wird neues Leben geboren.

Mit dem Feuerritual und den kommenden Tagen konnte ich *BriefMe* loslassen. Nach einigen Wochen schaffte ich es sogar, darin mein Wachstum zu erkennen. Dass mein Coachingbusiness kein Fehler war, sondern eine Etappe auf meinem Weg gewesen ist. Mir wurde bewusst, dass ich dafür dankbar sein kann. Dieser Ausflug hat mich vieles gelehrt und mich reifen lassen. Wäre ich ein Schmetterling, wäre die Zeit mit *BriefMe* wie das Heranwachsen in meinem Kokon gewesen, rückblickend zu eng und stickig, doch ein notwendiger Übergang in das Leben, in das ich mich nun entfalten konnte.

In meiner glühenden Wut war ich blind dafür, den Schmetterling im Spiegel zu erkennen, der sich da gerade entwickelte. Heute weiß ich: Ich bin meiner Seele ein Stück näher gekommen und kann neu entscheiden, wie mein Leben weitergehen soll.

So ist die Phase der inneren Neuordnung: Sie schmerzt, verbrennt Altes und am Ende steigen wir wie Phoenix aus der Asche, bereit, uns selbst in den prächtigsten Farben zu entfalten.

Loslassen braucht Raum und Zeit

Kennst du diesen Lösungsschmerz, den du verspürst, wenn sich alte Identitäten wie zu kleine Kleider von dir lösen?

Wie eine Zwiebel schälen wir uns Schicht um Schicht und das Tag für Tag, Woche für Woche, Jahr für Jahr. Bis die dicke Schicht immer transparenter wird und den Blick ins Innere freigibt. So eine Phase habe ich nach dem Loslassen meiner Karriere als Coachin durchlebt. Ich spürte: Die Zeit für einen Ausbruch war gekommen. Die Zwei-Zimmer-Wohnung wurde mir zu klein. Das Losgelassene brauchte Weite, um sich zu verflüchtigen. Und meine Entfaltung brauchte Raum, sich zur vollen Größe auszuweiten.

Also fuhr ich eine Woche zu meinen Schwiegereltern aufs westfälische Land. Mit meinem Mann und dem Hund der Familie ging ich spazieren. Die sanften Hügel hoch, den Blick auf die sich kräuselnde Landschaft, die hier und da kleine Täler und Kuppen formte. Ich ging auch oft alleine los, mit dem Nichts an der Hand. Es fühlte sich an, als hätte ich meinen Panzer aufgebrochen. Das Coachingbusiness war meine schützende Hülle gewesen, die ich mir zugelegt hatte, um jemand zu *werden*. Wie ein Igel, der versuchte, ein Delfin zu werden. Unmöglich.

Beim Irgendwohin wandern fragte ich mich, wer ich jetzt bin. Was von mir übrig ist. Nach dem epileptischen Anfall, meiner Sofa-Auszeit und der aufgegebenen Selbstständigkeit. Geblieben war der Teilzeit-Job. Doch mit dem Angestelltendasein hatte ich mich noch nie identifizieren können. Es würde sich immer wie ein zu enges Kleid anfühlen, das bei jeder Bewegung zu reißen drohte.

Die letzten Wochen hatten mich wieder ausgespuckt. Ich war nicht *weniger* geworden, das spürte ich schnell. Sondern hatte durch das Loslassen meiner alten Identität so viel mehr freigelegt. Weniger ist *mehr*. Doch welche Richtung dufte mein Leben jetzt nehmen?

So schutzlos, aller Ideen und Ziele entleert, fühlte ich mich roh. Roh, echt und verletzlich. Und verdammt *lebendig*. Für diese Zeit bin ich noch heute dankbar, denn sie hat mir eine *neue alte Isabell* gezeigt, die ich einmal war und wieder sein wollte. Unbeschwert und offen für Neues.

Die Idee, eine Coachingplattform für Menschen mit geringem Einkommen aufzubauen - Fair Coachings - kam mir in diesen Tagen auf dem Land. Sie wurde geboren aus einer empfundenen Ungerechtigkeit: Vielen Menschen mit knappen finanziellen Ressourcen bleibt der Zugang zu Einzelcoachings verwehrt. Fair Coachings sollte mich zweieinhalb Jahre lang begleiten und ein echtes Passionsprojekt werden. Und doch würde ich es wieder loslassen. An die freie Stelle sollte der *Fairliebt Verlag* treten. Das Schreiben und Geschichtenerzählen, was mich als Kind schon begeisterte, sollte endlich seine Entfaltung finden ...

Im Rückblick erkenne ich nun, wie alle meine Etappen bis zu diesem heutigen Tag notwendig waren. Einst geliebte Projekte sind nur dazu geboren worden, mich für meinen wahren Weg vorzubereiten, und abzutreten, wenn ich dafür bereit war. Reingewachsen in meine neue Größe.

Heute weiß ich, dass ich keinen Titel und keine feste Positionierung in meiner Selbstständigkeit brauche, um meiner Vision zu folgen. Natürlich habe ich Werte, die ich leben möchte. Ich kenne meine besondere Energiequalität, die ich mit der Welt teilen kann und die gebraucht wird. Auch habe ich immer noch Ziele, die ich verwirklichen möchte. Doch dafür brauche ich nicht zu definieren, was ich mache, denn das ändert sich ja doch immer mal wieder. Was ich sicher weiß, ist, dass ich meiner Freude folge. Und nicht mehr dem idealen Bild von der Frau, die ich dachte, sein zu müssen.

Mit 80 Jahren glücklich in meinem Garten sitzend, werde ich nicht bereuen, einer Idee gefolgt zu sein, etwas gewagt und ausprobiert zu haben. Ich werde darüber grinsen können und wissen, dass ich mein Leben voll ausgeschöpft habe. Vielleicht werde ich wie heute über die Felder und Hügel blicken, und entscheiden, etwas Ausgedientes loszulassen. Und bestimmt werde ich noch immer mit einem Notizheft im Gras sitzen und aufschreiben, was mich bewegt. Meine Knie und Hüften werden das sicher noch zulassen. Auch mit 80 Jahren werde ich neue Spielplätze für Geist und Seele entdecken. Es hört nie auf.

Kontrolle ist eine Illusion

Sind wir mal ehrlich: Ungern geben wir die Kontrolle ab und lassen die Dinge auf uns zukommen. Das ist menschlich. Doch immer wieder führen uns unsere innere Entwicklung und das Leben an den Punkt, dass es zu viel Kraft kostet, weiterhin an den eigenen Ansprüchen, wie etwas oder jemand zu sein hat, festzuhalten. Dann erkennen wir: Es gibt noch etwas anderes. Die *Hingabe*.

Sich hinzugeben bedeutet, *Ja!* zum Leben zu sagen und dem Leben vertrauensvoll die Führung zu überlassen. Zu kontrollieren bedeutet, *Ja!* zur eigenen Macht zu sagen und das eigene Leben - und manchmal auch das anderer - aktiv zu gestalten.

Das Leben ist ein Tanz zwischen Kontrolle und Hingabe. Kontrolle und Hingabe sind zwei Seiten einer Münze, zwei sich gegenüberliegende Pole, die doch nicht ohne einander existieren können.

Lange Zeit habe ich mein Leben mehr kontrolliert als mich ihm hingegeben. Vor einigen Jahren wollte ich neben meiner Teilzeitanstellung meine Nachmittage und Wochenenden bestmöglich nutzen. Es gab kaum Zeit ohne Ziele, wenig Räume der Hingabe. Da waren nur wenige Momente, in denen mir Effizienz und Produktivität egal waren. Es gab kaum Phasen des Reisens, der Abenteuer, der Partys oder für einen Hauch Magie. Meine Wochen und Monate waren durchgeplant.

Wenn wir die Hingabe wieder - nur für wenige Momente am Tag - in unser Leben lassen, passiert es: Unser Panzer namens *Kontrolle* löst sich vom Körper und öffnet sich einen spaltbreit. Der Panzer, der uns sonst für und gegen alles zu wappnen scheint, gibt nach. Durch diesen kleinen Spalt tritt die Magie des Augenblicks, der Zauber des Lebens ein. Das *Leben* selbst. Es pulsiert, fließt, vibriert und macht uns zu Beginn vielleicht sogar Angst. Der Strudel könnte uns mitreißen in einen unbändigen Fluss. Zu Wildheit und Genuss verführen. Zum extatischen Chaos. Wir wissen nicht, wohin er uns trägt und wann wir wieder an Land gehen können.

Wer gibt schon gerne das wohl kontrollierte und perfekt entworfene Leben auf - für das Ungewisse? Die Spontaneität? Die kosmische Fügung?

Wir kontrollieren unser Leben, weil wir dem Leben nicht vertrauen. Wir *misstrauen* dem Leben. Wir liegen im Streit mit dem Leben. Und dieser Streit ist häufig keine Eintagsfliege, die am nächsten Tag stirbt und durch Hingabe ersetzt wird. Der Streit wird zur Lebenseinstellung, denn er bringt auch Erfolgserlebnisse und rechtfertigt damit seine Existenz. Er begleitet uns. Klebt an unseren Fersen wie Matsch im Dauerregen.

Die Diktaturen unserer Geschichte lebten und nährten sich durch die Kontrolle. Allzu oft befördern wir uns selbst zum Diktator unseres Lebens. Und wo Diktatur herrscht, herrscht die Angst, aus der heraus wir handeln. Tief in uns haben wir Angst, dass das Leben es nicht gut mit uns meint, wenn wir einmal die Zügel aus der Hand geben. Dann bricht Chaos herein. Deshalb gehen wir auch bei der Suche nach uns selbst, unserer Berufung oder dem Traumjob mit einem gewissen Maß an Kontrolle vor.

Lasst uns in eine größere Dimension eintauchen: Es gibt 8 Milliarden Menschen auf der Welt. Wäre jede*r davon überzeugt, die volle Kontrolle zu haben, in welcher Welt würden wir leben? Das gäbe ein diktatorisches Durcheinander.

Wer kontrolliert, widerspricht der wilden Natur, die uns umgibt und die wir in Wahrheit selbst sind. Da wir in einer Weltgesellschaft leben, die sich durch Kontrolle aufrecht hält, stellen wir Menschen uns seit geraumer Zeit über die Natur. Über die Lebewesen, Regenwälder, Weltmeere und vieles mehr, was heute bedroht ist. Und wir stellen uns über unser wahres Sein, die Natur in uns. Die Klimakrise ist ein Gesicht dieser übermäßigen Kontrolle.

Doch in Wirklichkeit kontrolliert die Natur uns auf sanfte Weise: zum Beispiel durch den Tag- und Nacht-Rhythmus, die Jahreszeiten, die Gezeiten, das Wetter. Durch Umweltkatastrophen wie Erdbeben, Vulkanausbrüche oder Dürrezeiten ... Gerade haben wir erlebt, dass ein Virus das globale Aus für uns bedeuten könnte. Besonders diese plötzlichen Katastrophen zeigen uns, wie verletzlich wir sind und wie wenig wir doch kontrollieren können.

Finde die gesunde Balance

Sobald durch die Kontrolle ein innerer Druck entsteht, sind wir wieder in den Klauen der Identität. *Ich bin erfolgreiche Unternehmerin* ist eine solche Identität. Damit sind wir nicht wirklich unabhängig, nicht wirklich *frei*. Wir arbeiten gegen jede Überraschung des Lebens hart an, um das Gefühl von Kontrolle aufrecht zu erhalten. Wenn dann etwas Unerwartetes passiert oder wir einfach nicht vorankommen, löst das Schmerz, Trauer oder Hoffnungslosigkeit aus. Es gibt uns das Gefühl, weniger wert zu sein, weil wir ja scheinbar "nicht gut genug sind", endlich diese erfolgreiche Unternehmerin - oder was auch immer - zu sein. Wir geben dem Leben die Schuld, dass es uns scheinbar nicht wohlgesonnen ist. Schließlich haben wir unser Bestes gegeben und alle Fäden ständig in der Hand gehalten. Unser Körper, Geist, unsere Gefühle, Situationen und unser Umfeld - alles unterstand unserer Kontrolle.

Wo ein Übermaß an Kontrolle herrscht, werden wir früher oder später an uns selbst zweifeln. Die Marionette, zu der wir uns entwickelt haben, funktioniert nicht einwandfrei. Das ist aber in der Welt der Kontrolle unmöglich

- und muss sofort repariert werden. Den Ansprüchen der Kontrolle kann einfach *niemand* langfristig gerecht werden.

Die Kontrolle hat aber auch ihre Berechtigung. Sie gänzlich loszulassen, ist für uns als Erwachsene wahrscheinlich genauso eine Illusion wie die Kontrolle selbst. Wir tragen Verantwortung für uns selbst und andere. Wer Mutter oder Vater ist, wird die Kontrolle über das Wohlergehen des eigenen Kindes wohl nie ganz loslassen können, und das ist gut so. Ein fester Tagesablauf gibt Sicherheit. Der Überblick über Finanzen und Versicherungen ist wichtig. Kontrolle hilft, das eigene Leben zu gestalten. Wir fühlen uns als machtvolle Schöpfer*innen unseres Lebens, denn das sind wir auch.

Genauso wie die Hingabe ist uns auch die Kontrolle dienlich - in gesundem Maß.

Kontrolle ist ein Gegenteil von Liebe.

Denn Liebe vertraut. Kontrolle misstraut.
Liebe lässt Freiraum. Kontrolle engt ein.
Liebe beflügelt. Kontrolle stutzt die Flügel.
Liebe wohnt im Luftschloss.
Kontrolle im goldenen Käfig.
Die Kontrolle erkämpft sich Siege.

Die Liebe *ist* Sieg.

Mit offenen Armen

Wie fühlt sich Vertrauen für dich an?

Wie fühlt es sich an, all die Last der Kontrolle von deinen Schultern zu nehmen?

Wie fühlt es sich an, mit dem Leben zu fließen und zu wissen: Was kommen wird, wird genau richtig für mich sein?

Wie fühlt es sich an, in dunklen Stunden zu wissen, dass alles einen Sinn hat und *für* dich geschieht?

Auf diese Fragen sollte nicht dein Verstand, sondern dein Herz antworten. Wie *fühlt* sich das an?

Gut, oder?

Vergiss nicht.

Erinnere dich.

Wie es sich als Kind angefühlt hat, diese Verbundenheit mit dem Leben zu *erleben*.

Nimm den Druck von deinen Schultern.

Gehe wie ein Kind mit Leichtigkeit durchs Leben.

Empfange mit offenen Armen, was kommt.

Tanze zwischen Hingabe und Kontrolle. Entscheide dich bewusst für oder gegen sie. Du hast die freie Wahl.

Öffne deine Arme. Jetzt.

Vertrauen ist Liebe.

Liebe ist alles.

Alles was ist.

Kontrolle hält fest ------- an allem,

was nicht ist.

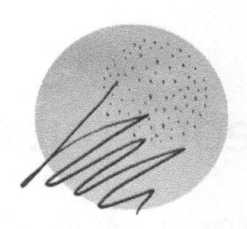

Lass dein Vertrauen wachsen

Wenn du das Vertrauen in dich und in das Leben jetzt magisch verstärken könntest, was würdest du tun? Was würdest du tun, wofür dir sonst das Vertrauen in dich oder das Leben an sich fehlt? Was würdest du verändern?

Klingt gut, oder? Wähle intuitiv eine Veränderung aus und beginne mit Vertrauen, sie umzusetzen. Du hast schon längst alles, was du dafür brauchst.

Schließe Frieden mit dem Leben

Höre auf gegen das zu kämpfen, was du nicht akzeptieren willst. Den Schmerz, die Planlosigkeit oder deine in Wahrheit so kraftvolle Verletzlichkeit.

Nimm an, was du nicht akzeptieren willst. Klingt komisch, ist aber so. In dem du den Schmerz annimmst, schaffst du die Grundlage für mehr *Frieden* in dir. Das ist leichter gesagt, als getan. Doch der erste Schritt in diesem Prozess kann heute gegangen werden.

Am liebsten will unser Verstand, dass wir der kleine Diktator oder die Diktatorin bleiben und kämpfen. Denn dann sind wir mit dem Unwichtigen beschäftigt, und haben keine Zeit und keine Kraft mehr für das Wichtige: mit uns selbst liebevoll in Kontakt zu treten und die täglichen Wunder des Lebens zu genießen.

Nachdem wir die Illusion erkannt, den Zusammenbruch durchlebt und uns nun neu geordnet haben, ist es Zeit, in die nächste Phase überzugehen: uns freier zu entfalten. Dazu gehören Vertrauen, Liebe und Mitgefühl für uns selbst wieder zu fühlen.

Lüfte den Schleier. Befreie den Frieden darunter.

Da ist nur

Frieden

Frieden

Frieden

Frieden.

Frieden

ist alles, was ist.

Alles passiert zu unserem Wohl

Unser Weg zur Selbstliebe ist das Leben selbst. Denn dafür sind wir hier. Wir sind geboren mit so viel Liebe zu uns selbst und allem, was ist, mit einer Intensität, wie es eine frisch in diese Welt geborene Seele nur fühlen kann. Unsere Seelen sind durch unsere Eltern in dieses Leben getragen worden - voller Neugier auf die Wunder des Erdenlebens. Die natürliche Verbindung zum Leben, das Urvertrauen und die vollständige Selbstannahme werden spätestens in den ersten Monaten und Jahren unseres Lebens verletzt. Unbeabsichtigt, doch bleibend. Bis wir anfangen, uns an dieses Urvertrauen und diese Selbstliebe zurückzuerinnern.

Wie sonst bist du auf die Idee gekommen, dieses Buch zu lesen? Weil du dich erinnert hast, dass tief in dir Liebe herrscht. Die Sehnsucht nach Selbstannahme hat dich geleitet. Irgendwo tief in dir ist ein Funken. Oder ein Feuer, das lodert und all die Vorwürfe und Selbstkritik auflösen will. Oder du spürst Licht in dir, das sich ausdehnen und der Welt zeigen will. Kurz gesagt: Du hast den Mut gefasst, dich auf die Suche nach diesem inneren Gefühl zu begeben. Dich zurückzuerinnern und freizulegen, was die ganze Zeit und unendlich lange schon in dir schlummert.

Wir alle werden von unserer Seele aufgerufen, uns zu erinnern. Unsere Seelen sehnen sich nach *uns*. Sind wir bereit, zuzuhören? Bist du bereit, zuzuhören? Und in den inneren Fluss der Liebe zu springen?

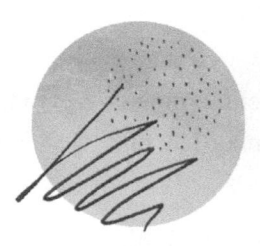

Lausche in dein Inneres. Welche Botschaft hat deine Seele für dich? Wonach sehnt sie sich gerade?

Unsere Weisheit nährt sich aus der Vergangenheit

Lange Zeit habe ich mich für meine Fehler, die ich mal gemacht habe oder etwas, an das ich früher geglaubt habe, heute noch schuldig gefühlt. *Wie konnte ich mir das nur antun? Warum war ich nur so blind?* Ich fühlte mich schuldig mir selbst gegenüber. Dass ich es nicht besser gewusst habe ... Wieso bloß habe ich nicht gemerkt, dass meine Jugendliebe mich betrügt? Warum habe ich als Studentin mein Erspartes fürs Shoppen auf den Kopf gehauen und war ständig blank? Und weshalb habe ich mich nicht schon früher entschieden, die aufreibenden Jobs zu kündigen? Bei all den Vorwürfen habe ich spät erkannt, dass ich sehr dankbar darüber sein kann, jetzt die vermeintlichen Fehler meiner Vergangenheit zu erkennen. So weise zurückzublicken vermag ich nur, weil ich eben jene Erfahrungen gemacht habe.

Wir alle bereuen vergangene Erfahrungen und erinnern uns an den Schmerz. Das ist menschlich. Der alte Schmerz wütet in einer dunklen Ecke in uns, wohin wir ihn verdrängt haben. Ein Zusammenbruch passiert nicht einfach so. Er passiert, weil sich der Schmerz die verdiente Aufmerksamkeit zurückerobert hat. Weil wir uns bis dahin geweigert haben, hinzusehen. Stattdessen weitergegangen sind auf dem destruktiven Pfad. Es ist Zeit, den Schmerz nicht mehr nur zu durchdenken, sondern wirklich zu *fühlen*. *Auszufühlen*. Damit er sich langsam auflösen kann und uns frei macht für mutige Neuanfänge. Das innere Ziehen, Drücken und Krampfen belohnt uns mit frischer Energie.

Hinterher ist man immer klüger - dieses Sprichwort bringt es auf den Punkt. Jetzt können wir großmütig verkünden, wie blöd unsere Vergangenheit doch war und wie viel besser wir es heute machen würden. Ja, klar können wir das jetzt von uns sagen, eben WEIL wir diese Vergangenheit erfahren haben.

Hast du mal daran gedacht, dass du gerade auf Grund deiner Vergangenheit heute umso heller strahlen kannst?

Schenke dir jetzt den Moment, wieder mehr ins Reine zu kommen mit deiner Vergangenheit. Die folgende Meditation kannst du dir laut oder leise durchlesen. Liest du das Geschriebene laut vor, wirkt es wie ein Gebet an dich und dein Leben - sehr kraftvoll!

DANKE

DANKE

Ich fühle die Dankbarkeit, wenn ich an mein Leben bis zum heutigen Tag zurückdenke.

DANKE.

Dankbarkeit fließt in jede Zelle meines Körpers.

DANKE.

Ich spüre, wie die Dankbarkeit aus meinen Zellen hinaus in meine Umgebung fließt. Die Dankbarkeit geht in mein Energiefeld über, das ich ausstrahle.

DANKE.

Danke für alle Erfahrungen, die ich bis heute machen durfte.

Danke für alle Momente, die ich erleben durfte.

Danke für alle Entscheidungen, die ich getroffen habe.

Danke, dass ich all das *mein Leben* nennen darf.

Ich bin heute die Summe meiner Erfahrungen, meiner Erfolge und Misserfolge, meiner Beziehungen und meiner Trennungen. Meiner Missgunst und meiner Liebe.

All das macht mich heute weiser. Und stärker. Und sicherer. Und liebevoller. Und lichtvoller.

Schmerz ist der Wegweiser zur wahren Größe. Mein Schmerz ist mein Freund, der für mich da war und sich langsam verabschiedet, um mir wieder mehr Raum für Dankbarkeit und Lebensfreude zu geben.

DANKE. DANKE. DANKE.

Spürst du, wie sich dein Körper leichter anfühlt, deine Seele aufatmet und dein Geist sich wundert, dass das möglich ist?

Erkenne das Geschenk deiner heutigen Weisheit und Fülle AUF GRUND früherer Niederlagen, Schmerzen und Illusionen. Alles davon ist Teil deines Weges. Nichts davon war umsonst. Auch wenn es gerade noch schmerzt, kann dich nur die Erkenntnis heilen, dass dieser Schmerz nötig war und zu keinem Moment dein Feind war und ist. Sondern dein Freund. Durch den Schmerz gegangen zu sein, bedeutet, wahrhaftig gelebt zu haben.

Ein Leben ohne Schmerz gibt es nicht. Tröstlich und beunruhigend zugleich - oder? Mit diesem Wissen gelingt es mir immer besser, anzunehmen, was war und mutig nach vorne zu blicken.

Lass uns jetzt dazu entscheiden, uns anzunehmen mit jeder Faser unseres Seins und jedem Moment, den wir auf dieser Erde in diesem Leben schon erleben durften.

Bevor wir nun eintauchen in die Entfaltung unseres Seins, ist es wichtig, dass wir uns von altem Ballast befreien. Wie ein Heißluftballon ein paar Sandsäcke abwerfen, um vom Boden abzuheben und nach einem Höhenflug an einem neuen Ort zu landen.

Wir erinnern uns: Wir sind geboren mit so viel Liebe zu uns selbst und allem, was ist, mit einer Intensität, wie es ein unschuldiges Wesen auf dieser Welt nur fühlen kann.

Wir haben die Macht, mit der Vergangenheit Frieden zu schließen, ohne sie lieben zu müssen. Wir haben die Macht, in der Vergangenheit das Geschenk für die Gegenwart und die Zukunft zu erkennen. Wir sind kein Opfer. Wir sind Gestalter*innen.

Nach meinem Zusammenbruch in Berlin habe ich eine lange Zeit auf dem Sofa gebraucht, um mir bewusst zu werden, warum mir der epileptische

Anfall passiert ist. Ich habe die Zeit gebraucht, mir für meine Ignoranz mir selbst gegenüber zu vergeben. Erst als ich diesen Prozess *durchfühlt* hatte, war ich bereit für die Entfaltung meines neuen Seins. In der Zwei-Zimmer-Wohnung habe ich mich verpuppt und aus der Raupe wurde ein Wesen im Kokon, das seine Zeit brauchte, sich zu nähren und zu heilen. Und dann ...

Die Entfaltung

... ist ein Zustand der *Expansion* von innen nach außen. Vom Rückzug genährt, sind Körper, Geist und Seele nun bereit, in alle Richtungen zu wachsen - und sich der Welt zu zeigen. Neue Dimensionen von Möglichkeiten eröffnen sich uns: Wir erahnen, was für uns möglich ist und dass wir es wert sind, alles zu empfangen, was wir uns wünschen.

Sich zu entfalten erfordert Mut, die eigene Wahrheit anzunehmen und sie in Taten zu verwandeln. Nur wer zuvor in gewisser Weise *zusammengefaltet* war, kann sich nun *entfalten*. Wie aus dem Mutterleib in die Welt geboren, zeigen wir uns nun in unserem Licht.

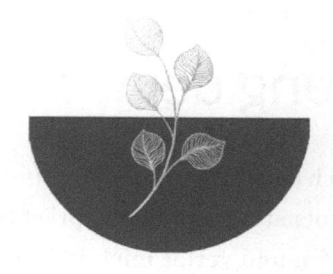

Revolution

        Reconnection

                Rebirth

      Revolution

Reconnection

     Rebirth

          ∞

Die Entfaltung deines Seins

Im Kindergarten habe ich angefangen, *Wunderblumen* zu malen. So nannte ich die schlanken Blumenstiele mit ihren prächtigen Blütenköpfen. Ich liebte es, sie zu erschaffen und verlor mich in ihrem Zauber. Zuerst malte ich die Blütenpollen im Zentrum. Dann folgte der erste Kranz Blütenblätter, der diese fruchtbare Mitte umgab. Mit jeder weiteren Schicht wählte ich andere Farben und Formen: gezackte, gepunktete oder gekräuselte Blätter. Auch Herzen, Sonnen und andere Symbole bildeten bunte Blätter. Manchmal erwuchs aus einer Wunderblume eine zweite und eine dritte ...

Die Wunderblumen waren meine persönlichen Mandalas.

Heute weiß ich: Sie entspannten mich. Ich zog mich in ihre Blüten zurück, wenn ich lieber für mich allein sein wollte, als mit den anderen Kindern lautstark zu toben. Vor allem aber drückte ich in den Wunderblumen meine vielseitigen Facetten und die reiche Pracht der Natur aus, die mich umgab. Kleine und große Wunder nahm ich schon als junges Mädchen wahr.

Wir sind Natur.

Wir sind diese *Wunderblumen.*

Wir blühen in den vielfältigsten Farben und Formen.

Wir blühen nicht, um anzugeben.

Sondern um unserer selbst willen.

Weil wir nicht anders können. Wir sind dafür hier, das ist unsere Natur.

Wir sind Natur.

Müssen wir unser Blühen unterdrücken oder verstecken, würden wir langfristig daran eingehen wie die Blume bei Frost.

Wir sind Natur.

Wir haben uns auf die Reise durch die drei Phasen der Selbstentfaltung gemacht. Durchlebten die Phase des Zusammenbruchs. Sind den Weg durch den Schmerz hindurch gegangen, haben Erkenntnis erlangt und uns neu geordnet. Nun treten wir in die vierte Phase ein, die der Entfaltung. Die letzte und prachtvollste Phase. Die Phase, die zu schreiben mir in diesem Buch am meisten Freude gemacht hat.

Wir spüren, wann wir bereit sind für den Schritt, uns selbst noch freier zu entfalten. Doch erzwingen können wir nichts. Vielmehr dürfen wir zulassen, dass sich der Übergang uns zeigt. Unser Inneres weiß genau, wann die Neuordnung abgeschlossen ist. Der Wechsel vom tiefen Schwarz des Zusammenbruchs bis zur Entfaltung ins Licht hinein darf ganz natürlich geschehen wie der Wechsel der Jahreszeiten.

Denn *wir sind Natur.*

Dabei werden wir begleitet von einer unbändigen inneren Kraft, die sich wieder frei entfalten will. Wie die intuitive Kraft der Blumenknospen, die plötzlich aufbrechen und zur Außenwelt streben. Sie wissen, wann es Zeit ist. Dann kehren sie ihr Innerstes nach außen. Schützen sich nicht länger. Sondern zeigen sich.

Wild, kreativ, mutig.

Diese intuitive Kraft haben alle Wesen der Natur inne. Auch wir. In Wahrheit war diese innere Kraft schon immer da. Als wir den Zusammenbruch der alten Identität erlebt haben, ist sie immer ein Stück hinter uns gegangen. Hat uns den Rücken gestärkt. Diese unbändige Kraft. Sie hat uns nicht alle Arbeit abgenommen, uns nicht sanft wieder aufgefangen, als wir den

Boden unter den Füßen verloren haben. Doch sie hat uns immer liebevoll unterstützt. Wir waren nie *allein*.

Du bist

Natur.

Es darf wild werden ...

Meine Eltern fragten mich schon als kleines Kind, welchem Hobby ich nachgehen möchte. Ich hatte keinen blassen Schimmer. Doch sie blickten mich erwartungsvoll an und ermunterten mich, eine sportliche Aktivität zu wählen.

Ihre Vorschläge begeisterten mich wenig. In Wahrheit war ich nämlich richtig glücklich, wenn ich mich in meine Bücher und mein Fantasiereich im Kopf zurückziehen konnte. Oder zu malen oder Mandalas zu legen: Aus gesammelten Dingen wie Federn, Steinen oder Legofiguren baute ich auf dem Boden symmetrische Bilder und erfreute mich an meinem kleinen Kunstwerk.

Mein erstes Hobby, das ich ausüben *musste*, war Ballett - gar nicht so schlecht! Tanzen mochte ich von Anfang an. Einmal die Woche in der Turnhalle um die Ecke. Doch dann zogen wir aufs Land und Tennis, Karate und Segeln standen auf dem Programm. All diese „sportlichen Hobbys" habe ich nie wirklich gern gemacht. Sie fühlten sich an wie Jobs, die ich zu tun hatte. Stunden auf dem Tennisplatz, die ich abzuleisten hatte. Daraus wurden sechs Jahre im Tennisverein. Viel lieber hätte ich in Schreib- und Malkurs gesessen oder hätte Tanzunterricht genommen.

Als Teenager habe ich meinen Eltern dann klarer kommuniziert, was ich wirklich ausprobieren wollte. Und siehe da: Plötzlich standen Tanzkurse, Theaterunterricht und Malstunden auf meinem Stundenplan. Sogar Stepptanz habe ich eine Zeit lang ausprobiert.

Mit dem Auszug in meine Studienstadt lernte ich mich wieder neu kennen. Dadurch, dass ich wusste, womit ich meine Zeit *nicht* verbringen wollte, fand ich viel leichter zu dem, was mich erfüllte: der Fotografiekurs, der Tango-Kurs und für meinen Kulturblog und fürs Stadtmagazin zu schreiben. Das kitzelte das Licht in mir wach und ließ mich strahlen.

Heute mache ich fast nur noch Dinge, die ich liebe. Vieles von früher ist geblieben, Yoga, Meditation und Reisen sind hinzugekommen.

Ich fühle mich angekommen. Ich kenne die Facetten in mir, die zum Ausdruck kommen wollen. Und dazu gehört Karate auf jeden Fall so gar nicht.

Fällt es dir manchmal schwer, dir ein Leben vorzustellen, in dem du mehr das tust, was du liebst und viel weniger das, was du musst?

Ich beobachte das Phänomen, dass wir uns schlecht fühlen, wenn wir mehr Zeit *erfüllt* verbringen. Irgendetwas in uns regt sich, das uns ermahnt: *Es kann nicht immer nur schön sein. Man muss sich auch mal durchkämpfen und Ungeliebtes tun, so ist das Leben halt. Erst die Pflicht, dann die Kür!*

Was für ein Quatsch. Wer hat das Gesetz gemacht, dass wir erst ein bisschen leiden müssen, um uns die Freude zu verdienen? Niemand! Diese Regel gibt es nicht. Die mahnende Stimme in uns ist ein Überbleibsel von Erziehung, vom Schulsystem und dem subtilen Kanon der Gesellschaft, das Leben könne nicht immer nur Schokolade und Sonnenschein sein. Warum zur Hölle nicht?

Damit meine ich nicht, dass wir nicht auch schmerzvolle Erfahrungen im Leben machen werden. Die sind uns sicher. Doch was wir frei wählen können, sollten wir auch frei wählen dürfen: Womit du und ich unsere Zeit verbringen. Wollen wir strahlen oder unser Licht vergraben?

Was fühlt sich für dich ein bisschen verrückt, unlogisch oder wild an? Das könnte eine erste Fährte sein, was dich zum Aufblühen bringt.

Du darfst wild sein! Du darfst strahlen! Du darfst dir dein Leben genau so gestalten, dass du mehr Zeit in Freude verbringst.

Häufig engen wir uns selbst ein. Wir geben uns brav, kontrolliert, ehrgeizig oder genussfeindlich.

Ich kann doch nicht nur malen und damit mein Geld verdienen?

In meiner Freizeit kann ich doch nicht drei Tanzkurse belegen, oder?

Ich kann mich doch nicht in die Bibliothek zurückziehen, um in den tollsten Büchern zu stöbern?

Wer bin ich, dass ich mich nach Abenteuern in den Bergen sehne?

Kann ich tatsächlich aufs Land ziehen und einen Bauernhof führen?

Darf ich mich wirklich nur mit Pflanzen und Gärtnern beschäftigen?

Oder darf ich wirklich alles auf einmal wollen?

Ist das nicht alles viel zu schön, um wahr zu sein?

Es ist an der Zeit, dass wir uns in alle Richtungen ausbreiten, weit werden, Raum einnehmen, genießen, uns hingeben und wild werden. Folge dem inneren Kitzeln. Wenn dein Verstand dir sagt, du seist *verrückt*, dann weißt du, dass du genau richtig bist.

Verrückt sein ist gut!

Streiche Begriffe wie *vermessen*, *egoistisch* und *großspurig* aus deinem Wortschatz. Du darfst richtig *ausverschämt* werden, dir noch mehr Freude in dein Leben zu holen. Du darfst *schamlos* glücklich sein.

Au ja, genau das darfst, kannst und sollst du. Sonst hättest du diese innere Sehnsucht nicht. Sie ist aus einem Grund da: Sie führt dich an den Platz, der für dich bestimmt ist.

Lass uns schamlos glücklich sein

Welches Bedürfnis, welchen Wunsch oder Traum spürst du in dir? Was lässt du in dir noch nicht zu? Was klingt für dich zu schön, um wahr zu sein?

_____

_____

_____

Wenn du dir erlaubst, so richtig schamlos viel Freude in dein Leben zu bringen, was dürftest du dafür tun?

_____

_____

_____

Warum meinst du, kannst oder darfst du das nicht tun? Wessen Stimme spricht da mahnend zu dir?

_____

_____

_____

Wirf das schlechte Gewissen über Bord und setze die Segel. Der neue Kurs: deine Lebensfreude.

Du darfst wild sein! Du darfst strahlen! Du darfst dir dein Leben genau so gestalten, dass du mehr Zeit in Freude verbringst.

Sei du.

Wild & FREI

Beschäftigst du dich noch oder lebst du schon?

Lange Zeit war ich getrieben vom Machen. Ich habe vieles direkt angepackt. Wenn andere noch überlegt haben, ob das überhaupt eine so gute Idee ist und wie man den Anfang machen könnte, bin ich schon längst losgelaufen. Ein Marathon ohne Pausen oder Belohnungs-Schoki. Lange Zeit habe ich nicht gemerkt, dass mich nicht immer meine Passion, sondern häufig die Angst vor dem Stillstand angetrieben hat.

Was ist, wenn ich mal innehalte?

Wer bin ich dann?

Wie fühlt sich Nichtstun an?

Der Aktionismus und die ständige Beschäftigung mit meinen Projekten hat mich davon abgelenkt, einfach nur zu *sein*. Den Moment auszuhalten, wie er ist. Statt meinen Selbstwert übers Machen zu *suchen*, ihn im Sein zu *finden*. Ich spürte zunehmend diese Sehnsucht danach, unabhängig zu sein von äußeren Ergebnissen, unabhängig von dem, was ich erreiche oder beitrage für die Welt.

Ich liebe das kreative Erschaffen. Ideen aus dem Kopf in die Realität zu bringen. Doch als kreativer Mensch ist das innere Getriebensein kein seltenes Verhaltensmuster, das oft sogar zum Erfolg führt! Haben sich doch viele Künstler*innen und Erfinder*innen in der Geschichte für ihre Ideen verausgabt. Für ihre Vision des fertigen Werks oder einer besseren Welt. Sie stellten sich vor die Wahl: Entweder für ihre Sache zu brennen oder aufzugeben. Der Schmerz, ohne das Kreieren unvollständig und weniger wert zu sein, hat sie gleichermaßen angetrieben wie zermürbt.

Doch möchte ich so leben und arbeiten? Nein. Stattdessen habe ich mich auf den Weg gemacht, die Langeweile zu erkunden.

Eine *lange Weile* nichts zu tun oder sich vermeintlich sinnlosen Dingen zu widmen, öffnet Geist und Seele. Plötzlich blubbern Ideen und neue Sichtweisen aus dem Inneren an die Oberfläche. In unser Bewusstsein. Und wir erkennen, dass die Langeweile viel produktiver sein kann als der intensivste Arbeitstag.

Für mich hat sich die Reise zur *Langeweile* gelohnt. Mal genieße ich den Anblick von tanzenden Blumen im Wind. Schaue spielenden Kindern zu. Oder setze mich selbst auf die Schaukel. Ein anderes Mal ist es der Spaziergang im Grünen oder das Meditieren in Stille.

Die Langeweile ist nun auf meiner Landkarte verzeichnet. Es lohnt sich, diesen Ort immer wieder zu besuchen. Tag für Tag fange ich aufs Neue an, mich mit dem Nichts anzufreunden. Das ist praktizierte Selbstachtung. Selbstliebe.

Blinder Aktionismus hingegen entfernt uns von uns selbst. Wir laufen weiter im Hamsterrad der Produktivität, aus dem wir eigentlich träumen, zu entkommen. Der Job, die Familie und Alltagsverpflichtungen geben uns allzu oft das Gefühl, zu wenig Zeit für die persönliche Entfaltung zu haben. Für das, was in uns Funken schlägt. Das innere Feuerwerk will in Ruhe betrachtet werden. In der Ruhe entwickelt sich die Energie, das, was wir innerlich erlebt haben, nach außen zu tragen. Zu machen, kreieren und verwirklichen. Und dabei viel seltener in die falsche Richtung zu laufen als beim voreiligen Machen.

Beschäftigst du dich noch oder lebst du schon? Das heißt: Bist du beschäftigt, nur um beschäftigt zu sein? Ist wirklich jeder Eintrag in deinem Kalender *nötig*? Kannst du mit dir zufrieden sein, wenn du nichts tust, in der Hängematte liegst oder ohne Ziel spazieren gehst?

Lass die *Langeweile* auf deiner Prioritätenliste nach oben rutschen - zum Netflix-Abend, dem Kinderturnen oder dem wöchentlichen Einkauf. Auch wenn viel zu tun ist: Für das, was dir gut tut, wirst du fünf oder zehn Minuten Zeit investieren können.

Spüre die Leere.

Die Langeweile.

Den Leerlauf.

Zelebriere es.

Sei mutig, diese Zeit zu "ertragen" und du wirst mit etwas Übung spüren, wie reich und voll diese Zeit ist.

Lausche. Fühle. Sieh hin.

Was zeigt sich dir?

Wer bist du?

Erkenne, was die vermeintliche Leere für dich bereit hält.

Unsere innere Entfaltung passiert gerade in stillen Momenten. In der Passivität. In der Hingabe ans Nichtstun. Plötzlich bricht etwas in uns auf. Der Kokon des Schmetterlings öffnet sich nicht durch Willenskraft und Tatendrang. Sondern genau dann, wenn der Schmetterling bereit dafür ist.

Meinung vertreten und loslassen

Eine Meinung zu haben ist wichtig und gut. Sie drückt unsere innere Wahrheit aus. Doch manchmal war ich mir unsicher, ob eine starke Meinung richtig ist. Besonders, als ich anfing, mich mit buddhistischer Meditation zu beschäftigen. Darin fühlte ich mich angehalten, mich zu leeren und keine Reaktion auf das Außen zu haben. Keine Haltung einzunehmen. *Transparent* zu werden. Das fühlte sich verdammt befreiend an!

Doch wie transparent kann ich werden, um in der Gesellschaft weiter bestehen zu können? Schließlich will ich nicht, dass man durch mich hindurch schaut wie durch die Hausgeister in Hogwarts.

Wie transparent kann ich werden, um noch gut auf mich und meine Bedürfnisse zu achten? Meine Grenzen gegenüber anderen deutlich zu machen? Mich für Toleranz und Weltoffenheit auszusprechen? Wie soll ich mich für das Gute einsetzen, wenn ich mich von Urteilen frei machen soll? Und wie unterscheide ich dann *gut* und *schlecht*?

In unserem Leben mit all den Impulsen von Außen braucht es immer mal wieder eine Reaktion darauf. Ein *Ja!* oder *Nein!* von uns, um mehr dem zu folgen, was uns gut tut und was wir wirklich wollen. Unsere Wahrheit zu kennen und zu schärfen. Grenzen aufzuzeigen, wenn diese überschritten werden. Ein *Nein!* kann ein *Ja!* zu uns selbst sein. Und ein *Ja!* öffnet uns dem Leben gegenüber. Ein *Ja!* und ein *Nein!* definieren, was in unserem Leben Platz einnehmen darf, und was nicht.

Doch lassen wir das innere *Ja!* und *Nein!* los, breitet sich ein Frieden aus. Der Zustand von Meinungsfreiheit bringt auch die Freiheit von Reaktionen mit sich. Wir reagieren nicht ständig auf das, was uns begegnet oder sich in uns formt. Wir versuchen nicht mehr, Menschen zu überzeugen. Das ist sowieso keine gute Idee. Jede*r darf selbst die Tür für Veränderung öffnen, wenn es Zeit dafür ist. Oder sie bewusst geschlossen halten.

Wir lassen unser Gegenüber sein, wie sie oder er ist. Wir lassen die Situation sein, wie sie ist. Wir lassen uns selbst sein, wie wir sind.

Spürst du die Freiheit, die zwischen diesen Zeilen atmet?

Wie immer gibt es auch hier nicht die eine Wahrheit. In meinen Augen liegt die Kunst darin, die gesunde Balance zwischen Meinung und Neutralität zu finden. Zu erkennen, wann es unsere Bewertung braucht, um Zeichen zu setzen. Und wann das Urteilen uns schwächt. Wann es sinnlos ist, auf einer Meinung zu beharren. Wann es Zeit ist, sich dem Jetzt ohne Bewertung hinzugeben.

Auf den Wellen treiben

Thorsten lerne ich am Tag unserer Ankunft kennen. Ein Mann Mitte Fünfzig, der mein Vipassana-Wochenende stark prägen sollte. Beim Mittagessen sitzen wir nebeneinander. Das ist das erste und letzte Mal, dass wir vor der meditativen Praxis ins Gespräch kommen. Marie sitzt vor ihrem Pastateller mir gegenüber und erzählt, während wir anderen essen. Über ihre Vision, Heilpraktikerin zu werden. Darüber, dass sie ihre Arbeitszeit reduziert habe und jetzt echt knapp bei Kasse sei, schließlich habe sie noch drei Kinder zu versorgen. Und über ihre Ausbildung in Heilpraktik, die in drei Wochen anfangen sollte. Eigentlich brauche sie nur noch das Zertifikat an der Wand. Durch ihre vielen Kurse und Workshops habe sie so viel gelernt, dass sie sich schon jetzt bereit fühle, Patient*innen zu behandeln. Dann fängt sie an, uns alle Details über ihren geplanten YouTube Kanal für Kundalini Yoga zu schildern, für den sie eigentlich - Überraschung - gar keine Zeit habe. Als ich aufstehe, um mir eine zweite Portion Pasta aus der Küche zu holen, vertieft sie gerade das YouTube-Thema.

Die fruchtige Tomatensauce der Spaghetti hat mich ans sonnige Mittelmeer versetzt. Mit ihren Terracotta-Fliesen und den hölzernen Deckenbalken mutet unser Gemeinschaftsraum zwar an wie eine spanische Finca. Doch das Bauernhaus hat nach dem letzten Vipassana-Kurs einige Wochen oder gar Monate leer gestanden und die kalte und abgestandene Luft dringt in jede meiner Zellen.

In der Küche klatschen Zweige rhythmisch gegen die Fensterscheiben, der Wind muss weiter zugenommen haben. Zugluft dringt durch die Fugen des geschlossenen Fensters. Als ich mich wieder an den Tisch setze, haben die anderen angefangen, sich in kleinen Grüppchen zu unterhalten. Marie redet nun auf Thorsten ein.

„Hast du keinen Hunger, Marie? Das ist die letzte Mahlzeit für heute, ich würde reinhauen ...", unterbreche ich sie.

„O ja, hast ja Recht."

Thorsten nickt mir lächelnd zu, als Marie ihre Spaghetti dreht.

„Und, warum bist du hier?", fragt Thorsten mich.

Ich erzähle ihm von meiner Kündigung und dass ich mich selbstständig mache und zwar genau nach dem Vipassana-Wochenende. Dass ich schon immer mal intensiv meditieren und schweigen wollte, um mir selbst wieder näher zu kommen. Die berufliche Freiheit, die zuhause auf mich wartet, kribbelt schon in mir und ich merke, wie meine Gedanken vorfreudig in die nächsten Wochen abschweifen.

„Und du?", frage ich ihn.

Thorsten blickt zum Fenster hinaus und lächelt.

„Ich bin in der Kreisverwaltung angestellt und verbringe meine Freizeit gerne auf Reisen und im Vipassana."

Ich erfahre, dass er anders als Marie und ich keine konkreten Ziele vor Augen hat. Er ist hier, weil ihm das Meditieren zu einem liebgewonnenen Teil seines Lebens geworden ist. Dieses Wochenende ist nicht sein erstes. Thorsten ist wohl der Voll-Profi unserer Truppe und reicht mit seiner Erfahrung an die unseres Lehrers heran. Seit zwanzig Jahren besucht er mindestens einmal im Jahr mehrwöchige Vipassanas. Manchmal auch mehr. Er spricht davon mit einer gelassenen Selbstverständlichkeit, wie andere von ihren Sommerurlauben am Meer erzählen. Immer wieder hänge ich gespannt an seinen Lippen und wenn er versonnen schweigt, bitte ich ihn innerlich, weiterzuerzählen. Diese Pausen geben mir Zeit, seine Worte noch einmal in mir nachklingen zu lassen.

Nachdem wir aufgegessen haben, faltet er seine Hände im Schoß und lehnt sich zurück.

„Und, fühlst du dich schon erleuchtet?" Ich zwinkere ihm zu. „Oder gehst du zumindest entspannter mit all den alltäglichen Herausforderungen um?"

Er lacht auf. „Ach, es gibt immer wieder neue Dinge, die mich aus dem Gleichgewicht bringen. Es ist gar nicht das Ziel, *immer* gelassen zu bleiben. Es geht darum, leichter wieder in die Gelassenheit zurückzufinden. In dem ich schneller wieder Abstand zu den Dingen einnehme und sie neutral betrachte."

Mit seinem Arm macht er eine Wellenbewegung. „Ich treibe auf den Wellen, anstatt mich jedes Mal von ihnen in die Tiefe hinabreißen oder in die Höhe schleudern zu lassen."

Etwas in mir bewundert ihn für seine Einstellung und für die friedvolle Energie, die von ihm ausgeht. Ein anderer Teil in mir macht sich über ihn lustig: Seine Friedlichkeit wirke übertrieben, das könne im Alltag doch nicht lange anhalten, oder? Wenn ich mir überlege, wie ein kleiner Buddha zurück ins Büro zu gehen und auf meine Kolleg*innen zu treffen, wäre es schnell vorbei mit dem inneren Frieden. Ist er wirklich so friedvoll oder will er den Guru spielen? Ich schüttele diese fiese Stimme meines Verstandes innerlich ab. Thorsten tut mir gut. Nach unserem Gespräch fühle ich mich vorbereitet auf die nächsten zweieinhalb Tage. Wenn dieser innere Frieden das Ergebnis jahrelangen Praktizierens ist, steht mir nun ein kleiner Vorgeschmack dessen bevor. Und ich freue mich darauf, von diesem Frieden zu kosten.

Ab ins Niemandsland

Absichtslos zu sein, bedeutet, sich auf den Weg zu machen, ohne seinen Blick auf ein festes Ziel zu richten. Absichtslos zu sein, bedeutet, durchs Leben zu gehen wie ein Pilger, für den der Weg das Ziel ist. Das hilft, mit Niederlagen besser umzugehen. Wer absichtslos ist, bewertet Erfahrungen nicht mehr als *Niederlagen* - sondern nur als Hinweisschilder, den eigenen Kurs leicht zu korrigieren, um wieder in die richtige Richtung zu gehen. Niederlagen bergen die Chance, das Licht darin zu erkennen.

Natürlich darf es weiterhin To-Do-Listen geben, damit wir wissen, was am Tag oder in der Woche ansteht. Es geht gar nicht darum, sich keine Aufgaben oder Ziele für gewisse Zeiträume zu setzen. Es geht darum, uns nicht an das Ziel zu klammern wie ein liebendes Pärchen, das Angst hat, der andere könne fremdgehen.

Wer bist du, wenn du niemand sein musst?

Wer bist du, wenn du niemand bist?

Diese Fragen stelle ich mir gerne nach einem Arbeitstag. Dann stehe ich in der Küche und bin nicht mehr die Verlagsgründerin. Die Autorin. Die Herausgeberin. Die Ehefrau. Ich bin niemand. Ich bin ein energetisches Wesen, das sich gerade etwas zu essen macht. Zucchini schnippelt oder Kartoffeln schält. Im Hier und Jetzt. Das nimmt den Druck des Gelingens von meinen Schultern, den ich tagsüber immer mal wieder verspüre.

Mein Handy stelle ich auf Flugmodus, wenn ich im *Niemandsland* bin. In dieser Zeit kommuniziere ich nur mit mir selbst. Für niemanden brauche ich die treffenden Worte zu finden. Nur für mich selbst.

Schnapp' dir Zettel und Stift und begib dich jetzt in diese absichtslose Stille - ohne eine geführte Meditation oder sonstige Anleitung heranzuziehen. Das brauchst du nicht. Setze dich für eine Viertelstunde in Stille auf dein Sofa oder einen Stuhl. Die Augen kannst du geöffnet lassen. Spüre in dich hinein: Wie es ist, niemand sein zu müssen?

Schreibe hier auf, was sich dir in der Stille offenbart und welche Gedanken und Gefühle sich gezeigt haben.

Die Fülle ist unser Treibstoff

Im Mangel verlieren wir die Kraft für Veränderung. Bedrückende Gefühle wie Weltschmerz oder finanzielle Sorgen sind menschlich und ganz natürlich. Doch es ist wichtig, den Blick wieder auf die Fülle der Welt zu richten. All das Gute zu sehen, was schon da ist und immer schon da war.

Die Berge, Seen und Meere.

Die Fische, Vögel und Säugetiere.

Die Luft, der Regen und die Sonne.

Der Mond. Vollmond.

Die Strahlen der Sonne, wenn sie durch die Blätterkronen in kleinen Sprenkeln auf dich hinabfallen und in flimmernden Mustern auf deiner Haut tanzen.

Die Fülle gibt dir den Sinn, wofür es sich zu leben lohnt. Sie lässt dich mit Freude aufstehen.

Und zufrieden ins Bett gehen.

Fülle schenkt dir die Möglichkeit, Wunder zu sehen und Wunder zu bewirken.

Lass nicht den Mangel oder die Angst vor einer unbestimmten Zukunft dich antreiben.

Mach die Fülle zu deinem Treibstoff.

Fülle ist dein Lebenselixier.

Fülle ist, wer du bist.

Glauben wir dem Mangel und machen ihn zu unserem Anführer, wird uns das Leben immer wieder zeigen, dass wir noch unvollständig und fehlerhaft sind. Mangel ist ein schlechter Ratgeber. Ein Energieräuber. Mit ihm an unserer Seite fühlen wir uns machtlos. Aus einer kraftlosen Position heraus versuchen wir unser Leben zu gestalten. Das macht es verdammt anstrengend!

Dein erster Job ist es also, dich selbst anzunehmen, zu lieben, wie du bist und wie dein Leben jetzt ist, um in eine machtvolle Position zurückzufinden - für einen Moment oder länger. Erwartest du nichts anderes als Fülle, wirst du sie in allem sehen - ohne dafür mehr leisten oder an dir arbeiten zu müssen.

Wünschen wir uns vom Universum mehr Fülle in unserem Leben, wird es uns diesen Wunsch nicht erfüllen. Denn wir signalisieren, dass wir es *noch nicht haben*, aber *brauchen*. Dass wir jetzt diese Fülle brauchen, um vollständig und glücklich zu sein. Daraus spricht der Mangel, der blind ist für die Fülle, die schon längst in uns pulsiert. Wir sehnen uns nach etwas, was schon längst in uns lebt. Wie soll sich unser Wunsch nach diesem Schatz jemals erfüllen, wenn wir schon längst auf ihm sitzen?

Lieber dürfen wir uns vom Universum wünschen, dass es uns die Augen für die Fülle in uns und um uns herum öffnet.

Kreiere Hand in Hand mit dem Leben

Es ist nie kompliziert. Sobald ein Weg zur Erfüllung anstrengend wird, stimmt etwas nicht. Entweder, wir gehen den Weg eines anderen Menschen, den wir bewundern, anstatt unseren eigenen. Oder wir folgen der Lebensanleitung einer anderen Person: Ratschläge, Motivationsformeln und Regeln kursieren genug da draußen.

Oder wir denken, uns erfüllt zu fühlen müsste *schwierig* sein. Müssten wir uns erst *verdienen*.

Quatsch! Fülle erwartet uns nicht am Ende des Tages voller sinnvoller Taten. Fülle ist ein Gefühl wie Glück oder Trauer, das in uns entsteht und wachsen kann, zu jedem Moment. Wenn wir es möchten. Mühelos. Natürlich.

Unser Weg zur Erfüllung liegt in uns. Den zu finden, kann einige Jahrzehnte dauern, da wir von unserem Verstand und dem Vergleich mit unserer Außenwelt immer wieder abgelenkt werden. Doch ihn zu gehen, ist nicht schwer. Wir müssen dafür nicht jeden Tag meditieren, grüne Smoothies trinken oder unser Energiefeld detoxen. Wir brauchen dafür gar nichts weiter tun, als unserer eigenen inneren Stimme zu lauschen. Und den Fokus auf die Fülle zu richten, die uns innewohnt. Nur lässt sich damit nicht so viel Geld verdienen …

In den letzten Jahren, in denen ich selbst viele Seminare besucht, Bücher gelesen und Podcasts gehört habe, sind mir immer wieder Floskeln begegnet, die bis in die Haarspitzen motivieren sollen:

- Du schaffst alles, du musst nur hart genug an dir arbeiten.
- Ein*e Krieger*in gibt nicht auf.
- Dein Leben liegt in deiner Hand, du allein kreierst es.
- Nur außerhalb deiner Komfortzone wirst du glücklich.
- Mach da weiter, wo andere aufhören. Du bist unbesiegbar.

Diese Sätze mögen für diejenigen, die sie ausgesprochen haben, wahr sein. Vielleicht auch für dich. Doch für mich sind sie ... *Bullshit*! Alles, was uns dem Leben gegenüber hart macht und uns in eine Kampfstellung versetzt, habe ich nun lang genug gelebt. Es hat mich nicht glücklicher gemacht.

Ich sehne mich nach *Leichtigkeit*.

Entfaltung geschieht mit Leichtigkeit. Wie der Schmetterling, der weiß, wann es an der Zeit ist, aus dem Kokon zu schlüpfen. Er denkt nicht: *Jetzt muss ich schlüpfen, damit ich vor allen anderen draußen bin. Ich muss mich anspannen und hinaus in die Freiheit kämpfen. Es wird bestimmt anstrengend ...*

Es ist vielmehr ein Instinkt, eine tiefe Intuition, von der er sich leiten lässt. Mit Vertrauen und Neugier. Um zu entdecken, was hinter dem "Wachstumspanzer" wartet.

Freiheit ist schon längst ein Teil des Prozesses, den die Raupe mit ihrem Leben beginnt. Die Freiheit ist schon längst vorgesehen. Unumkehrbar. Nicht aufzuhalten. Nicht zu beschleunigen. Das einzige, was die Raupe tun kann, ist sich dem Prozess hinzugeben und zu erfahren, was geschieht.

Natürlich liegt auch ein Funken Wahrheit in den obigen Motivationssprüchen: Wir erschaffen unser Leben selbst. Wer aber mit dem unbedingten Willen durchs Leben geht, sein Leben komplett selbst zu erschaffen, kontrolliert. Sich und andere. Bekommt Probleme, wenn das Leben einen anderen Plan hat. Hinterfragt sich selbst, wenn es nicht so gelingt, wie gewünscht. Allzu häufig verwechseln wir in der Kontrolle das, was unser Verstand unbedingt will mit dem, wonach sich unser Herz sehnt.

Ich möchte das Leben heute und zukünftig noch mehr umarmen und ihm Raum geben, sich zu entfalten. Möchte gemeinsam mit dem Leben co-kreieren. Hand in Hand. Ich sehne mich nach *Leichtigkeit*. Die Selbstkontrolle hat mich viel Kraft gekostet, die ich nun viel lieber nutze, um durch die Wohnung zu tanzen und aus voller Kehle mitzusingen.

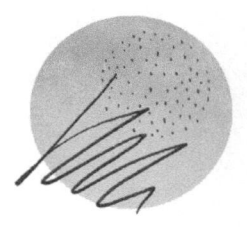

Stell dir vor, du hörst auf, für deine Erfüllung hart zu arbeiten. Wofür nutzt du die Kraft, die dadurch frei wird?

Lasst uns den Verstand aus dem Weg nehmen und das Leben sich entfalten.

Du brauchst deine Wünsche nicht
37364635 Mal
zu visualisieren.

Was zu dir gehört,

⤴   wird zu dir fließen.

Die Reise zurück zur Berufung

Alle Menschen eint die Sinnsuche. Der Wunsch, etwas beizutragen. Zum Wohle der Familie, dem Ort oder der Gesellschaft, in der wir leben. Oder zum Wohl der Tiere, Umwelt oder der Menschheit.

Wer auf der Suche nach dieser sinnstiftenden Aufgabe ist, fühlt eine starke innere Sehnsucht. Ruft hier das Herz oder der Verstand? Möchte sich das Ego selbst mehr Sinn - mehr Bedeutung - verschaffen? Oder ist es unser wahres Wesen, das sich zum Ausdruck bringen will? Das ist gar nicht so leicht zu unterscheiden.

Schon mit Anfang Zwanzig hatte ich täglich neue Ideen, was ich denn mit meinem Leben anfangen will und welchen Beitrag ich leisten möchte. Mal wollte ich eine eigene Secondhand-Boutique eröffnen, am nächsten Tag wollte ich einen Geschenk-Service für ratlose Schenkende anbieten und am übernächsten Tag einen sozialen Verein gründen. Oder ich werde einfach Coach, dachte ich mir, und unterstütze Menschen dabei, ihre Berufung zu finden, genauso wie ich sie jahrelang gesucht habe?

Auch die Vorstellung, große Kleidertauschpartys zu organisieren, die Menschen zu nachhaltigem Konsum bewegen, hat mich begeistert. Diese Idee hatte meine Studienkollegin aus ihrem Auslandssemester in Wien mitgebracht. Dort waren hippe Tauschpartys schon längst an der Tagesordnung. Zusammen gründeten wir eine GbR und schufen die Marke *7Kleiderleben*. Vier große öffentliche Tauschpartys haben wir in unserer Studienstadt organisiert. Ich liebe es noch immer, Flohmärkte zu besuchen und wahre Schätze zu entdecken, anstatt die ausbeuterische Modeindustrie mit meinem Geld weiter zu unterstützen.

Kurzum: Als Studentin schwirrten viele Ideen in meinem Kopf herum und einiges davon habe ich sogar in die Tat umgesetzt. Meine Zwanziger liebe ich noch heute dafür, dass ich mich ungeniert ausprobiert und die Freiheit genossen habe, kaum finanzielle Verantwortung tragen zu müssen.

Doch ich habe mich nicht gefragt, ob all die Ideen meinem Herzen entsprangen oder Produkt meines Egos waren. Ich habe mich nicht gefragt: Gehört die Idee dem Anteil in mir, der Identitäten erschafft, damit er sich besser fühlt?

Doch mit der Zeit regte sich tief in mir eine Stimme, die mir immer öfter zuflüsterte: *Was machst du hier eigentlich?*

Erst rückblickend erkannte ich, dass diese Stationen zwar Teile meines Weges waren, kleine und wichtige Etappen, doch angekommen fühlte ich mich nie richtig. Nichts fühlte sich wirklich nach mir an. *Leicht. Warm. Lichtvoll.*

Fündig geworden bin ich schließlich bei meiner Passion, die sich schon von kleinauf wie ein federleichter roter Faden durch mein Leben zieht, so zart, doch beständig, dass ich ihn im kreativen Chaos fast übersehen hätte: *das Schreiben.*

Ich liebe es!

Gegen Ende meines Studiums nahm ich diesen roten Faden wieder auf. Das Schreiben elektrisierte mich. Warum nicht Bücher schreiben, die Menschen bewegen? Oder lieber einen Reiseblog? Oder doch ein Kulturmagazin für meine Studienstadt? Oh ja, ich mache meine eigene Zeitschrift. Diesen Plan habe ich als meine Masterarbeit umgesetzt. Damals war ich 24 Jahre alt. Es erschien nur eine Ausgabe mit einer Auflage von 100 Exemplaren, die ich in meiner Uni kostenfrei verteilt habe.

Meine Schreiberfahrungen waren häufig erfolglos, aber wichtig. Nach einigen Jahren hatten sich diverse Romanmanuskripte auf meiner externen Festplatte angesammelt. Meinen Blog hatte ich wieder vom Netz genommen. Außer den Artikeln im Hochschulmagazin und in Stadtportalen gab es kein veröffentlichtes Wort von mir.

Heute bin ich Herausgeberin mehrerer Bücher sowie Kreateurin des *FeeeL Magazins für Deeptalk über Gefühle, Krisen und wahre Stärke.* Und ich schreibe dieses Buch. Ich fühle mich angekommen. Mehr als alles andere macht mich das Schreiben glücklich. So banal es auch klingen mag. So naheliegend es all die Zeit war. Ich brauche nichts weiter als das. Mein Ventil. Mein Kanal. Mein Hafen, in dem Facetten meiner Seele strahlen.

Die lange Suche nach der eigenen Berufung kann ein Streben des Egos nach Bedeutung sein. Das war meine große Suche in den Zwanzigern.

Immer auf der Suche zu sein, kann Teil der eigenen Identität werden. So bleiben wir stets mit einer scheinbar bedeutungsvollen Aufgabe beschäftigt. Es gibt immer Ausreden, warum wir nicht wirklich glücklich werden können oder uns wirklich auf eine Sache einlassen. Wir gestehen uns selbst nicht ein, dass es leicht sein darf - und dass wir es verdient haben, das zu finden, was uns glücklich macht. Wir erkennen vielleicht nicht einmal, dass das, was wir suchen, schon längst vor unserer Nase - oder in unserem Inneren - liegt. Wir gönnen uns unser eigenes Glück nicht.

Unser Ego imitiert die warme Stimme des Herzens, das übersprudelt vor Freude. Es flüstert dann:

Wie schön wäre es, ein eigenes Unternehmen aufzubauen, dann kann ich selbst entscheiden, wann und wie ich arbeite und ich kann andere für mich arbeiten lassen. Arbeitsplätze schaffen ist doch eine gute Sache. Oh, wie schön wäre es, so machtvoll zu sein? Und dann verdiene ich viel Geld, reise an die schönsten Strände, habe ein großes Haus und viel mehr von allem als in jedem 'normalen' Job.

Das Ego wünscht sich nichts mehr als bedeutsame Identitäten zu konstruieren, die uns das Gefühl von Sicherheit oder Macht verleihen. In Wahrheit kompensieren wir das, was wir nicht mehr fühlen: *Liebe, Verbundenheit und Vertrauen.*

Wie unterscheidest du deine Herzensstimme von der Stimme deines Verstandes? Es gilt, sich selbst mehr zuzuhören und hineinzuspüren, wie sich diese und jene innere Stimme anfühlt: Schnürt sie dir die Kehle zu? Macht sie dir Bauchschmerzen? Oder ist sie pure Freude, die sich nicht aufdrängt, sondern einfach *ist*?

Es braucht Übung, sich selbst zuzuhören und zu erkennen, welche Stimme dem Herzen gehört, das durch unsere Intuition zu uns spricht. Und mit welcher Stimme der Autopilot spricht, der uns drängt:

Sei doch endlich die erfolgreiche Unternehmerin/Managerin/Familienvater ... Alle haben dich viel zu lange unterschätzt. Beweise es dir und beweise es ihnen!

In der Kindheit ist die Herzensstimme oftmals noch sehr präsent, laut und kraftvoll. Meine Kindheit zeigt mir heute, wie sich meine Herzensstimme angefühlt und ausgedrückt hat:

Als Kind wollte ich Autorin werden. Ich wollte mich mit Worten ausdrücken und einfach aus purer Freude, Neues zu erschaffen, Bücher schreiben. Bevor ich die Welt in Ansätzen verstand oder in mir die ersten Identitäten um Aufmerksamkeit kämpften, wollte ich Autorin sein. Schon in der Grundschule, nach meinem ersten Aufsatz über einen Adler, der seine Flügel spreizt und aus einem Käfig in die Freiheit fliegt, wollte ich nur noch das machen. *Schreiben.*

Ich wusste nicht, ob ich später Geld damit verdienen kann oder ob ich als Autorin jemals berühmt sein würde. Was bedeutet es eigentlich, Autorin zu sein? Was bedeutet es eigentlich, berühmt zu sein? Keine Ahnung, war mir auch egal. Ich wollte mich einfach nur im Schreiben verlieren und dadurch wieder finden. Die inneren Prozesse während des Schreibens, das Reflektieren, Verarbeiten, Heilen, die Liebe zu den Charakteren der Geschichten, die Euphorie über neue Erkenntnisse und passende Analogien - genau das wollte ich erleben. Mich in meiner Fantasie zu verlieren und neue Welten zu betreten, die ich ohne das Schreiben nie entdeckt hätte. Das gehörte zu mir, stand in meiner DNA geschrieben.

Erkennst du einen Unterschied zwischen den Worten des Egos und den Gedanken eines kleinen Mädchens?

Als Kinder haben wir die Prägungen durch Erziehung und Gesellschaft noch nicht verinnerlicht. Wir gehen offen in die Welt hinaus, neugierig und in Übereinstimmung mit dem, was wir denken, fühlen und tun. Das heißt: Wir sind ehrlich mit uns und allen anderen Menschen. Wir sind *naiv*, würde das Ego sagen.

Wir kennen unsere Stärken noch nicht, feiern unsere Talente noch nicht und hungern nicht nach Anerkennung und Belohnung. Wir folgen unserer Intuition. Gehen unvoreingenommen und spielerisch an die Dinge heran. Das Ergebnis ist uns egal. Wir hegen noch keine Wünsche nach Sicherheit oder Macht, um das Gefühl, geliebt zu sein, endlich wieder zu empfinden. Die emotionalen Verletzungen, die wir in der Kindheit und Jugend erleben, sind perfekter Nährboden für Identitäten wie:

Ich will die Lieblingstochter meines Vaters bleiben.

Ich bin der Sohn, der nie wieder enttäuschen will.

Ich muss Karriere machen, um Sicherheit zu erlangen.

Ich muss anders und auffällig sein, um geliebt zu werden.

Es muss mir schlecht gehen, damit ich geliebt werde.

Diese Überzeugungen halten uns von unserer wahren Passion fern wie die Türsteher die Gäste vor dem coolsten Club der Stadt.

Was wir als Kind gerne gemacht haben, wann wir die Zeit vergessen haben und womit wir uns in aufrichtiger Freude beschäftigt haben, erzählt viel darüber, wer wir in diesem Leben wirklich sind.

Wie ich als Grundschülerin mit dem Wunsch, Autorin zu werden. Nein, Autorin zu *sein*. Ich musste nichts werden, ich durfte es schon damals sein.

Ich übte nicht und arbeitete auch nicht auf das Ideal hin, damit viele Menschen zu erreichen und anerkannt zu werden. Ich war einfach die Autorin, die ich sein wollte und hatte pure Freude daran, meine eigenen Bücher zu schreiben, ohne dass ich sie jemals jemandem zeigte. Meine ersten kleinen Bücher gibt es immer noch. Die Schrift meiner Eltern ist ordentlich, in Druckbuchstaben. Sie haben aufgeschrieben, was ich diktiert habe. Mit vier Jahren konnte ich nur meinen Namen auf das Buchcover schreiben - und aufmalen, was die Geschichte erzählte: *Der Hai schwimmt in der Südsee und freut sich, einen Delfin zu treffen. Die beiden werden Freunde.* End of Story. Auf meinen Bildern sehen beide aus wie dicke blaue Fische. Ein anderer Protagonist war Rabe Rudi, dessen Geschichte sogar in mehreren Büchern erzählt wurde - mein erster Sammelband!

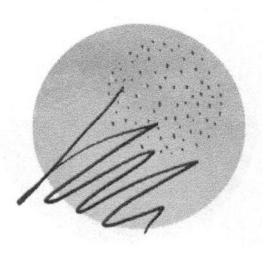

Was hat dir als Kind oder Teenager pure Freude bereitet? Was hat dich Zeit und Raum vergessen lassen?

Dein Herz will sich ausdrücken.

Dein Ego will etwas werden.

Dein Herz drückt aus, wer du bist. Es hat keine Angst, loszulassen, was nicht zu dir gehört.

Dein Ego sammelt an, was nicht zu dir gehört im Streben danach, immer *mehr* zu werden. Besser. Bedeutsamer. Sicherer. Geliebter.

Dein Herz muss nichts mehr werden und sich nicht entwickeln.

Es drückt aus, wer du bist.

In all den schönen Formen und Farben und vor allem mit Liebe und Freude.

Dein Ego sieht nur das Ziel.

Dein Herz liebt den Weg.

Fließender Selbstausdruck

Neben meiner Passion fürs Schreiben habe ich schon früh den Ruf in mir gehört, dass ich durch Aktionen und Projekte Menschen auf ihrer Sinnsuche begleiten und die Welt zu einem besseren Ort machen möchte. Weil ich im Bachelor Linguistik und Psychologie und im Master Medienwissenschaft studiert habe, dachte ich, mich auszukennen: Wenn ich mich mit meiner Mission in der Öffentlichkeit zeige, muss ich so oder so sein. Die Menschen müssen mich und meine Mission schnell verstehen und zuordnen können. In eine Schublade fein säuberlich sortieren können. Das predigen schließlich auch Businessberater*innen.

Also habe ich angefangen, meine Social Media Kanäle mit Hashtags und prägnanten Slogans zu füllen, damit die Menschen schneller zu mir finden. Kein matschiger Waldweg, sondern eine Autobahn sollte sie zu mir führen.

#coachfürziele #visionverwirklichen #selbstverwirklichung #berufungfinden #visionärin #hochsensibel #macherin #coachhamburg

Klingt gut, oder? Doch diese Labels waren für mich von Anfang an die viel zu engen Schuhe, die schnell drückten. Ich hatte mir genau dort Identitäten zugelegt, wo ich mich zuvor fließend zwischen allem Möglichen hin und her bewegte - und mich zugleich verloren fühlte. Die Identitäten haben wie viele imaginäre Post-its auf meiner Stirn geklebt und sagten mir, wer ich bin. Das hat mir Sicherheit gegeben. Endlich konnte ich durch den Dschungel meiner Vielseitigkeit eine Richtung erkennen.

Schon als Kind habe ich meine Komplexität begriffen und fühlte mich von ihr fast erdrückt: Ich bin kreativ aber auch ein analytischer Kopf, verträumt aber auch realistisch, strategisch und intuitiv, ordentlich und chaotisch, introvertiert und extravertiert, gesellig und auch einfach froh, wenn ich mich alleine verkriechen kann und nur für mich sein kann. Wer bin ich, wenn ich alles bin?

Wer verdammt bin ich?

Mein heutiges Sein flüstert: Diese Frage brauchst du nicht zu beantworten. Denn auf sie gibt es nicht die eine Antwort.

Schon immer war ich nah dran, die Erkenntnis über meine wahre Natur zu erlangen. Im Dickicht meiner verschiedenen Facetten lag bereits die Antwort. Sie lag vor meiner Nase, tanzte auf ihr herum und hielt ein Leuchtreklame-Schild empor: Ich bin *alles* und damit genau richtig.

Diese Wahrheit gilt schlicht und ergreifend für alle Menschen: *Wir sind alles*. Und dafür gibt es kein Wort, was dieses „alles" präziser beschreiben könnte - wir können es nur *erfahren. Fühlen. Sein.*

Die wohl größte Herausforderung ist es, anzuerkennen, dass wir keine ultimative Gewissheit darüber haben können, wer wir sind. Der ständige Wandel der Natur webt uns immer wieder neu zusammen. Wir bringen uns selbst in immer neuen Facetten hervor. Erfinden uns neu. Gebären uns neu in ein Leben, das sich selbst stetig wandelt. Perfekte Anpassung, oder?

Wir sind nicht *so* oder *so*, sondern beides. Alles. Wir sind nicht exklusiv, wir sind inklusiv. Mit dieser Einstellung widersprechen wir dem, was die Systeme Schule, Ausbildung, Studium und Beruf zu vermitteln versuchen: Wir sind jemand, der sehr gut in eine Schublade passt.

Das gesellschaftliche System versteht die Aussage „Ich bin alles!" nicht und fordert die säuberliche Einordnung eines Menschen in feste Kategorien. Schließlich ist unser System auf analytischem Denken aufgebaut, der Stärke einer patriarchalisch geprägten Gesellschaft.

Nur wir selbst können uns die Erlaubnis geben, dass wir uns zwischen all unseren Polen im Leben hin und her bewegen dürfen wie Seiltänzer*innen.

Mit dem Unterschied, dass wir nicht fallen können. Uns dabei nicht wirklich verletzen können. Sondern nur erfahren dürfen, wie wir gerade in diesem Moment sind. Wir können also nur gewinnen. Wahrheit gewinnen.

Bevor ich zu dieser Erkenntnis gelangt bin, lagen vor mir hunderte Identitäten, die im Laufe der Zeit zu meiner Alltagsgarderobe geworden sind. Wie hunderte verschiedene Paar Schuhe. Und in keinem Paar fühlte ich mich wirklich wohl. So wohl wie beim Barfußlaufen. Die Zeit meiner ersten Gründung, *7Kleiderleben*, war aufregend. Meine Partnerin und ich wuchsen über uns hinaus. Doch einmal diese Schuhe angezogen, fühlte ich mich auf einmal schlecht, als ich Lust auf Neues bekam. Es gab doch noch so vieles, für das ich mich interessierte! Da war noch so viel mehr ICH. Würde ich das eine verraten, wenn ich mit dem anderen liebäugelte? Muss ich jetzt immer die nachhaltige *#Flohmarktprinzessin* mit der GbR sein, die Menschen für einen nachhaltigen und achtsamen Modekonsum begeistert?

Nein, muss ich nicht! Denn: Ich bin alles. Ich bin mehr als meine Hashtags und Labels und mehr als meine Schuhsammlung. Das weiß ich jetzt.

Doch fast dreißig Lebensjahre lang habe ich versucht, den Menschen zu erklären, wer ich bin und was ich mache. Die eine passende Version der Isabell gesucht.

Dass sich diese Version aber ändern kann und ich diesen ständigen Wandel sogar richtig gut finde, trägt nicht gerade dazu bei, dass die Menschen mich besser verstehen.

Bin ich heute die Isabell, die kreative Autorin, die autobiografische Ratgeber schreibt? Nicht nur! Ich habe auch schon Roman- und Fantasymanuskripte geschrieben. Wer weiß, woran ich als nächstes schreiben werde?

„Ja, aber was für eine Autorin bist du denn nun?", werde ich öfters gefragt. Dann antworte ich: „Eine, die ihr Inneres teilt, die Eindrücke verarbeitet und Erfahrungen in Worte fließen lässt, die Bilder in Köpfen malen." Meine Intention hinter dem Schreiben bleibt gleich, das kann ich mit Sicherheit sagen. Doch in welches Format ich meine Worte am Ende gieße, ob in einen intensiven Roman, inspirierenden Ratgeber oder ein spannendes Fantasy-Abenteuer, werde ich intuitiv entscheiden.

Erlaube dir, starre Identitäten in ein fließendes "Dein-Inneres-Wesen-Ausdrücken" zu verwandeln. In allen deinen Facetten, die sich gerade den Weg an die Oberfläche bahnen und sich zeigen möchten. Bis sie von neuen Facetten abgelöst werden. Das ist der natürliche Fluss des Lebens, der auch in dir frei fließen will.

Du *musst* gar nichts sein. Du *darfst* alles sein.

Du stehst in den Sternen geschrieben.

Du kannst nicht auf dem falschen Weg sein.
Einen falschen Weg gibt es nicht.

Alle Wege führen dich früher oder später ...

... an dein ...

ZIEL.

Du bist alles

Wir sind alles. Wir sind kreativ und ideenlos, sanft und hart, männlich und weiblich, aktiv und passiv, jung und alt - und auch mal eine der feinen Abstufungen zwischen diesen Gegensätzen. Alle Qualitäten im Leben haben zwei scheinbar gegenüberstehende Pole und unendlich viele Ausprägungen zwischen diesen beiden Polen.

Wir können nicht immer erfolgreich sein. Genauso können wir nicht immer erfolglos sein oder niedergeschlagen, liebevoll oder gelassen. Alles geht vorüber. In der Phase tiefen Schmerzes vergessen wir jedoch oft, dass der Schmerz vorübergehen wird. Nichts ist für immer und nach jeder Erfahrung einer bestimmten Qualität wird früher oder später eine Erfahrung der anderen Qualität folgen.

Indem wir die Höhen und Tiefen des Lebens nicht mehr kontrollieren, vermeiden oder herbeisehnen, leben wir sie wirklich. Wir können uns auf das Leben einlassen, ohne es korrigieren zu wollen. Erleben es, wie es wirklich ist. Ein sich stetig bewegendes Meer, das kommt und geht, wild und sanft zugleich.

Kennst du die Tage, an denen du in einem Moment voller Freude und im nächsten Moment wütend oder verletzt bist? Lass dich auf das Pendeln zwischen den Zuständen ein. *Ebbe und Flut.* Frage dich, was hinter deinen Gefühlen steht. Wer oder was löst die Wut in dir aus? Warum löst die Person oder die Situation dieses Gefühl in dir aus? Gehe auf Spurensuche in dir. Welche Ursachen du auch findest für deinen aktuellen Zustand: Akzeptiere, dass es okay ist, sich mal so oder so zu fühlen. *Eine Welle rollt an und bricht.* Die Emotionen in dir werden immer Gründe finden, hochzukommen. Du machst nichts falsch, es ist der Lauf des Lebens. Solange du achtsam wahrnimmst, wie du dich gerade fühlst und nach dem Ursprung der Emotion fragst, surfst du auf der Welle. Du gehst nicht unter. Du wirst getragen.

Die Emotion kräuselt sich und zieht sich glatt wie das Meer. Wie ein Spiegel liegt das Wasser irgendwann da, zu deinen Füßen, als hätte es nie eine Regung gegeben.

Wie das Meer, dem wir entstiegen sind, sind wir Teil der Natur. *Du bist Natur.* In unseren Tagen, Monaten und Jahren gibt es Zeiten des Wachstums und der Blüte. Bis wir Früchte ernten können. Und es gibt Zeiten, in denen wir uns zurückziehen, ruhen und ein Teil von uns stirbt. Wir lassen los, was ausgedient hat. Die Blätter fallen. Veränderung ist die einzige Sicherheit, die das Leben schenkt.

In jedem Menschen liegt der Keim für *alles*. Wir sind vollkommen, weil wir alles erleben, fühlen und sein können. In der Ruhe liegt der Samen für die Aktion. Im Misserfolg der Keim für den Erfolg. In der Langeweile liegt das Potential für Kreativität. Im Stress liegt die Wurzel für Entspannung. Wir brauchen das eine Extrem, um wieder in das andere gelangen zu können. Angenommen, wir hätten nicht die Möglichkeit, körperlichen und mentalen Stress zu empfinden, würden wir auch nie in den Genuss von tiefer Entspannung kommen. Und was gibt es Schöneres, als nach einem langen Tag aufs Sofa (oder die Yogamatte) zu liegen und den Körper schwer in die Unterlage sinken zu lassen? *Hach.*

Ich liebe den Tanz zwischen den Extremen - und tanze ihn jeden Tag. Mal ist er ein schneller Foxtrott, mal ein getragener Walzer.

Das eine Extrem ist das Tor zum anderen: Stress führt zu der Erkenntnis, dass es Zeit für Entspannung ist. Wer kein Scheitern kennt, wird nie wahren Erfolg feiern. Trauer zeigt, dass es vorher unglaubliche Freude gab. Und Schmerz kann die Vorfreude auf Heilung beinhalten. Schmerz ist Heilung.

Jeder Gefühlszustand ist eine Initiation in einen nächsten Zustand, die Grenzen sind fließend. Wir überschreiten Schwellen - jeden Tag.

Übe dich darin, alle Qualitäten in deinem Leben zuzulassen. Das ist nicht immer leicht, manchmal scheint es unmöglich. Doch es wird irgendwann der Moment kommen, in dem es dir wieder gelingt.

Nimmst du an, was ist, lebst du intensiv. Bist frei. Die Angst vor dem Scheitern, vor Trauer oder Verlust nimmt ab. Denn in diesen dunklen Phasen liegt der Samen für bessere Zeiten.

Du musst nicht mehr nach dem gewünschten Zustand suchen, wenn du dich aufs Finden konzentrierst. Es kommt alles zu dir, wenn du dir und dem Leben nur die Zeit lässt, sich zu entwickeln. Wie das Meer, das sich alle Zeit der Welt nimmt, um sich frei zu entfalten.

Angst zeigt, was dir wichtig ist.
Angst ist der Beweis, dass Liebe in dir lebt.

Alles ist in allem enthalten.

Gegensätze ziehen sich aus

Ich mag Gegensätze. Mochte ich schon bei der Partnerwahl: Mein Mann ist häufig extravertiert, ich eher introvertiert. Er hat viele verschiedene Jobs gehabt, vom Gartenlandschaftsbauer, Animateur auf Menorca, Personalberater, bis hin zur Arbeit in der Behindertenhilfe. Ich habe immer im Bereich von Sprache und Kommunikation gearbeitet.

Mein Mann ist Musiker und spielt viele Instrumente. Ich bin schon an der Blockflöte gescheitert und Noten haben sich mir nie erschlossen. Dafür liebe ich das intuitive Malen. Von Farbe verklebte Finger fühlen sich nach gelebter Kreativität an. Nach *Leben*.

Mein Mann hat seine Jugend in Clubs und auf Dorffesten verbracht, ich habe mich lieber in meine Bücher vertieft. Und mich von den wenigen Dorffesten erholt, die ich besucht habe.

Die in Clubs durchtanzten Nächte kann ich an einer Hand abzählen. Die Musik war mir zu laut, die Gespräche zu oberflächlich und der Alkohol stieg mir viel zu schnell zu Kopf. Clubs erschöpften mich. Für meinen Mann kann die Musik nicht laut und die Leute nicht wild genug sein.

Als Schülerin musste ich mir in meiner Klasse zumindest ein wenig soziale Akzeptanz und Integration erarbeiten, um nicht als völlige Außenseiterin zu gelten. Ich war der Freak, der sich für Spiritualität, Tarotkarten und Reiki interessiert. Mein Mann war immer beliebt und im Zentrum der Aufmerksamkeit, bestimmte mit seiner Clique, wer auf dem Schulhof gemocht wurde und wer sich besser auf der Toilette versteckte …

Ich hätte mich wohl dort vor ihm versteckt, wären wir auf derselben Schule gewesen.

Gegensätze ziehen uns an. Und aus.

Unsere Partner*innen und Freund*innen ergänzen uns zu einem wundervollen Ganzen. Wir erkennen in unserem Gegenüber, was wir selbst an uns vermissen. Was wir an uns für selbstverständlich halten, bewundern andere.

Was wir an anderen bewundern, steckt nicht selten auch in uns. Die Eigenschaft, das Talent oder die Fähigkeit anderer fasziniert uns deshalb so, weil ein Funke in uns erwacht, der sich erinnert. Wir haben ihn vielleicht vergessen oder nie gewusst, dass er auch in uns steckt.

Meinen Mann bewundere ich zum Beispiel für seine ausgelassene Art, sich auf Partys zu vergnügen. Schnell mit Fremden ins Gespräch zu kommen und auf Etikette zu sch****. In meinem Mann sehe ich, was auch in mir lebendiger werden will: Ich wünsche mir noch mehr Ausgelassenheit für mich. Und ich weiß, sie steckt in mir und möchte rausgelassen werden. *Die wilde Frau.*

Was schätzt du an deinem Partner oder deiner Partnerin besonders? Was bewunderst du an deinen Freund*innen? *Das* ist es, worin sie dich bereichern. Was sie in dir wachküssen, was eigentlich schon längst in dir schlummert.

In unserer Unterschiedlichkeit sind wir wie füreinander geschaffen.

Gegensätze ziehen sich an - auch in uns selbst. In jedem von uns schimmern unterschiedliche Facetten in ihrem ganz eigenen Licht. Zusammen bilden sie ein Ganzes, das sich nicht in Worte fassen lässt. Es ist unser Wesen, unsere Seele, unser Kern - nenne es, wie du möchtest. Wie ein Diamant funkelt er, und immer, wenn wir denken, ihn erkannt und verstanden zu haben, verändert sich das Licht, das auf ihn trifft. Dann sehen wir ihn aus einer anderen Perspektive und er scheint seine Form verändert zu haben. Wie flüssiges Gold.

Unsere Gegensätze zeigen uns, dass wir unser Leben aktiv gestalten dürfen, um unsere Vielseitigkeit darin unterbringen zu können. Niemand schenkt uns eine perfekte Form, in die wir unsere Innenwelt gießen können. Wir dürfen sie uns selbst bauen. Um unsere Facetten zum Ausdruck zu bringen und Raum für unsere Bedürfnissen zu schaffen.

Besonders meine inneren Gegensätze machen mein Leben spannend und ich entdecke immer wieder neue Seiten in mir.

Laut, leise oder irgendetwas dazwischen.

Analytisch, intuitiv oder irgendetwas dazwischen.

Strukturiert, chaotisch oder irgendetwas dazwischen.

Alles ist willkommen!

Ja, ich bin introvertiert. Doch ich kann genauso gut mit einem lauten Lachen nach draußen gehen und liebe es *meistens*, neue Menschen kennenzulernen oder auf Bühnen zu einem Publikum zu sprechen und daraus neue Energie und Inspiration zu schöpfen.

Ich bin Naturkind und liebe die Stadt. Ich stecke meine Nase in spirituelle Bücher und kann trotzdem 'ne fette Pizza verdrücken und dabei alte Sitcoms schauen. Und guten Sex habe ich auch.

Wenn mein Mann und ich zusammen sind, trifft Erde auf Himmel.

Manchmal vergesse ich das Licht, mit dem ich verbunden bin, genauso wie ich manchmal das irdische Leben vernachlässige, bis mein Mann mich daran erinnert, einfach mal entspannt auf dem Sofa abzuhängen. Zu genießen. Danke, dass du da bist, und mich immer wieder mit dem Teil in mir verbindest, dem ich gerade den Rücken kehre.

Erde trifft Himmel und Himmel trifft Erde. Gemeinsam sind wir alles und eins.

Verstecken bringt nichts

Mein Schal schirmt das künstliche Licht ab, das so gnadenlos auf mich herab scheint. Über mir ausgebreitet, schützt mich der Stoff vor der Außenwelt. Vor den Meditierenden, die schon so eifrig um mich herum ihrer Praxis nachgehen. Es ist 4:30 Uhr morgens. Manche haben ihre erste Runde schon hinter sich. Ich fange gerade an. In meinem Mund schmecke ich noch die Zahnpasta. Die volle Teekanne ist mein Lichtblick. Jederzeit kann ich die Meditation für wenige Sekunden unterbrechen, um mir frisch dampfenden Tee einzuschenken und einen Schluck zu nehmen.

Na gut, lasst unseren letzten Tag beginnen. Heute Nachmittag wird die Stille schon vorbei sein und wir zum Aufräumen und Putzen eingeteilt.

Thorsten kehrt aus seiner Gehmeditation zurück an seinen Platz neben mir. Ohne Frage ist er schon als Erster in der Meditationshalle gewesen, gibt sich der Praxis völlig hin. Ich spüre, wie er sich in Zeitlupe - ganz achtsam - auf sein Meditationskissen setzt. *Setzen, setzen, setzen.* Zwar ist der Stoff meines Schals dick, doch kann er eines nicht abschirmen: Thorstens Energie. Es ist, als würde er mir friedvoll zulächeln, wie bei unserem ersten Mittagessen, als wir einander ins Gesicht schauen durften. Seine Energie lächelt.

Blickkontakt ist nun schon lange verboten, doch ist er allgegenwärtig spürbar. Gehe ich in den Pausen zur Teestation, um meine Kanne aufzufüllen, sitzen oder stehen dort andere Teilnehmer*innen und ich spüre ihren Flow. Ich fühle so viel sogenanntes 'Higher Self'. Buddha-Spirit. Und ich kann Angst durch den Raum gleiten spüren. Ein gesenkter Kopf, ein schleppender Gang, zwei Hände vor den Augen. Jemand weint. Nicht selten. Auch das darf hier sein. Dass alter Schmerz hochkommt, von dem wir uns im Alltag ablenken - oder nicht einmal wissen, dass er da ist.

Hier erlebt jede*r Überraschungen. Die Abstände zwischen den Gedanken und Gefühlen werden nur größer. Die Stille schafft Freiraum zwischen Denken und Fühlen.

Gestern saß ich im plüschigen Ohrensessel am Ofen, jemand hatte gerade neue Holzscheite eingeworfen. Auf dem Sofa hinter mir lag die große schlanke Frau, die schon bei unserer Ankunft wie in anderen Sphären tanzend wirkte. Kreativ, lebendig und irgendwie abgehoben von allem Irdischen. Jetzt mischte sich unter das Knistern im Ofen ihr Schluchzen. Leise kam es unter dem Sofakissen hervor.

Die unterschiedlichsten Gefühle können plötzlich über uns hereinbrechen und bald wieder fortgetragen werden, um neuen Platz zu machen. Wahre Macht über uns geben wir ihnen erst, wenn wir sie ignorieren oder kleinreden. Sie in ihrer Energie durch uns hindurchfließen zu lassen, wie es die Frau gestern tat oder ich heute, entfaltet unsere wahre Heilkraft. Die Selbstheilung.

Ich ahne, dass ich die Stille und die innere Klarheit vermissen werde, sobald ich wieder im Auto Richtung Hamburg sitze. Auf Maries minutiösen Bericht über das Wochenende und ihre zukünftigen Vorhaben, habe ich schon jetzt keine Lust. Also streife ich meinen Schal ab und richte mich im Meditationssitz auf. Mich darauf einzulassen, macht aus der Entbehrung wahren Genuss.

Gleichzeitig mit Thorsten erhebe ich mich zur Gehmeditation.

Wenn das Licht rebelliert

Unser inneres Licht ruht nicht immer friedvoll in uns. Es kann aufbrausen, wild werden und mit aller Macht nach außen streben. Zum Beispiel, wenn es sich berufen fühlt, uns wachzurütteln. Es rebelliert gegen den Verstand und den Status quo.

Mit 26 Jahren ergatterte ich meinen Traumjob. Das dachte ich zumindest. Das Unternehmen leistete einen wertvollen Beitrag für viele Menschen. Hier flossen meine Passionen, die Psychologie und die Medien, zusammen. Doch nach kurzer Zeit bekam ich Bauchschmerzen, wenn ich zur Arbeit ging und saß nervös vor meinem Rechner. Ich merkte, dass etwas ganz und gar nicht stimmte: Es war, als hätte ich den Aufnahmebrief für Hogwarts erhalten, doch statt eine Hexe werden zu dürfen, musste ich die Zauberstäbe der anderen halten, wenn sie eine Pause vom Zaubern brauchten.

Ich fühlte mich wie eine Assistentin. Es fühlte sich an wie ein Schlag gegen meinen Selbstwert und mein wahres Potential. Jede Minute war eine verschwendete. *Was zur Hölle mache ich hier?* Mein Verstand zählte mir logische Gründe auf, zu kündigen. Doch da regte sich noch eine andere Kraft in mir: *mein Licht*. Es strebte nach außen und schürte das Verlangen in mir, mich mehr zu zeigen. Mich nicht mehr klein zu machen und hinter Kolleg*innen zu verstecken. Meine Seele hatte genug vom Versteckspiel. Und der Enge in meiner Brust. Das Leben hatte mich in diese frustrierende Erfahrung geführt, damit ich endlich den letzten Stupser bekam. Wie ein Wirbelsturm brach es aus mir hervor, ich startete eigene Facebook- und Instagram-Kanäle, nahm meine ersten Videos auf - Gott, war ich aufgeregt - und veröffentlichte meine erste Podcast-Folge.

Ich machte mich auf die Suche nach einem Teilzeitjob, um mehr Raum für mein Licht zu schaffen. Denn tief in mir wusste ich schon lange, dass keine Festanstellung der Welt mir die volle Entfaltung ermöglichen würde. Dafür durfte ich selbst sorgen.

Also fasste ich den Mut, mit meinem Vorgesetzten zu sprechen. Viel zu stark waren diese inneren Stürme, als dass ich sie hinter meinem Lächeln hätte verbergen können, wie ich es nicht selten bisher gemacht hatte. Jetzt war endgültig Schluss mit dem schönen Schein.

So legte ich im Gespräch meine Verletzlichkeit offen auf den Tisch und gab zu, mich nicht nur unterfordert, sondern nicht wertgeschätzt zu fühlen. Dann reichte ich meine Kündigung ein. Alle waren überrascht, hatte ich mich doch scheinbar so gut angestellt und ins Team integriert. Sie sahen mich misstrauisch an, als hätten sie erkannt, mich nie wirklich gekannt zu haben.

Wenn unser Licht rebelliert, hält es kein Gedanke mehr im Zaum. Die Gitterstäbe brechen und wir können nicht anders, als nachzugeben. Unser Licht strahlen zu lassen. Wohin es uns führt, wenn es einmal die Führung übernommen hat? *Überraschung!*

Wann hat dein inneres Licht zuletzt rebelliert? Wogegen hat es aufbegehrt?

Was würde passieren, wenn du deinem Licht jetzt freie Bahn lassen würdest? Wohin würde es dich führen?

Gesunder Weitblick

Langes Arbeiten am Bildschirm tut unseren Augen nicht gut, das ist wissenschaftlich bewiesen. Es kann zu Kurzsichtigkeit führen. Denn die Augen mit ihren komplexen Nervenbahnen zum Gehirn können sich auf den eingeschränkten Blick wenige Zentimeter vor unseren Augen dauerhaft einstellen. Sie fokussieren sich darauf und gewöhnen sich daran. Zum Beispiel, wenn wir schnell durch unseren News-Feed scrollen.

Ursprünglich ist unser Auge für den Weitblick gemacht. Blicken wir in der Evolution zurück zu unseren steinzeitlichen Vorfahren, erspähten diese den Säbelzahntiger von weitem und schlugen Alarm. Sie jagten ihre Mammuts mit Weitblick. Sie hielten sowieso immer nach möglichen Gefahren Ausschau. Nicht umsonst waren Erhöhungen in der Landschaft nicht nur wichtig als Ausblickspunkt, sondern sogar heilig: Burgen, Gräber und rituelle Stätten wurden hier errichtet. Ihr Weitblick hat sie mit der Natur, die sie umgab, verbunden. Nur ihre Haut trennte sie von ihrer Umgebung. Heute trennen uns Bildschirme und Betonmauern.

Ich bin an der Ostsee aufgewachsen. Der Weitblick vom Kunstraum unserer Schule aus war immer möglich. Mit Blick auf den Strand und das Blau bis zum Horizont. Daran haben wir uns schnell gewöhnt: In den Freistunden die Füße im Sand zu vergraben. Im Sommer baden zu gehen und an manchen, äußerst kalten Wintertagen sogar ein kleines Stück auf der gefrorenen Ostsee zu wandern.

Wenn wir solch einen Schatz jeden Tag vor uns haben, gehört er zum Inventar wie der Stuhl in der Ecke oder das Bild an der Wand. Ich habe meine Jugend mit diesem Ausblick genossen, war mir aber nicht bewusst, wie dankbar ich eines Tages dafür sein werde, so aufgewachsen zu sein. Heute blicke ich von meinem Schreibtisch auf einen rechteckigen Innenhof.

Von der einen Hauswand zur gegenüberliegenden sind es vielleicht fünfzig Meter. Die Länge des Tauchbeckens bei meiner Schwimmprüfung.

Jetzt blicke ich aus dem Fenster zu den tanzenden Blusen auf der Leine, die quer durch den Innenhof gespannt ist. Wir Hausbewohner*innen teilen sie. Bei gutem Wetter, wie heute, ist sie bis zum letzten Top restlos besetzt.

Vom Balkon aus kann ich auf drei alte Eichen blicken, die auf dem Spielplatz vor dem Haus stehen. Links und rechts davon befinden sich die für Hamburg typischen Backstein-Häuserblöcke. Hundert Jahre sind die Eichen alt, mindestens. Die Stämme so dick, dass es drei Erwachsene braucht, um einmal den gesamten Stamm zu umfassen. Wenn ich mir das vorstelle, verstehe ich, wie sehr ich doch von meiner Natur entfernt und eingeengt in meiner Hamburger Wohnung sitze.

Erst mit Ende Zwanzig habe ich verstanden, wie mich die Natur und das Reisen zu neuen Einsichten führt. Bewegung im Außen schafft Bewegung im Innen. Das menschliche Auge, und damit auch die Bilder, die unser Geist verarbeitet, haben sich von der Weite entwöhnt. Dabei tut es auch unserem Inneren gut, sich zu erheben und in die Ferne zu blicken. Es weitet den Geist und löst ihn von engstirnigen Meinungen, Gedanken und Bewertungen. Es beflügelt die Seele, die sich an die unendlichen Weiten der Natur erinnert.

Wenn ich heute zu lange in meinem Büro sitze und arbeite, spüre ich, wie sich meine Gedanken anfangen zu drehen. Ich finde keine Antworten mehr auf wichtige Fragen, mir kommen keine neuen Ideen, denen ich folgen möchte. Mir fehlt Inspiration. Jetzt sitze ich wie an so vielen Tagen am Laptop und schreibe. Die Sonne strahlt auf meinen Bildschirm und will mich hier, am Schreibtisch, blind machen für mein kreatives Schaffen. Sie kitzelt mich im Nacken, als würde sie mir den letzten Stupser geben, den Laptop zuzuklappen und rauszugehen. Ich spüre, wie sich Schweiß in meinem Nacken bildet.

Für gewöhnlich erkenne ich, wann ich innerlich einfach nicht mehr vom Fleck komme. Dann weiß ich, dass es Zeit ist, aufzubrechen. In die Natur zu gehen oder auf eine Reise zu mir unbekannten Orten. Ein kleines Abenteuer erleben. Ich liebe es, Orte zum allerersten Mal zu sehen und mit allen Sinnen wahrzunehmen.

Steige ich in Hamburg in den Zug zu meinen Eltern an die Küste, beginnt mein inneres Retreat. Denn es geht über schleswig-holsteinische Hügel und Wiesenlandschaften, vorbei an Rehen und kleinen Seen. Während ich aus dem Fenster schaue, weiß ich nicht, was es hinter dem nächsten Hügel zu entdecken gibt - einen Fischreiher an einem Tümpel oder einen Bauernhof?

Dann fühle ich diese Weite, die mir in der Stadt allzu häufig fehlt. Ich erkenne, was alles da ist. Lebendig ist. In diesem Moment. Ich erkenne die Weite, die mich umgibt und dass ich mehr bin als dieser Körper in diesem Zimmer an diesem Schreibtisch. Dass ich nicht der Nabel der Welt bin, wie ich mich manchmal in meinem kleinen Büro fühle.

Ich erkenne die Natur als großes Ganzes und mich als Teil davon. Ich erkenne, dass ich Natur bin. Meine Augen entspannen sich, wenn ich sie über die Weite schweifen lasse. Urlaub für die Augen, Urlaub für die Seele.

Zurück in der Natur kommen wir zurück zu unserer Natur.

Die Unendlichkeit ist blau

Wenn ich im Sommer im Gras liege und der Himmel mich zuzudecken scheint, so blau, wie er sich über alles spannt, fühle ich mich plötzlich klar. Aufgeräumt. Hier kommen mir die besten Antworten auf meine Fragen und die inspirierendsten Ideen.

Der Himmel ist einfarbig, aber in Wirklichkeit ganz ohne Farbe. Ab und zu sehe ich eine kleine Wolke, die vorbeizieht, einen Vogel, der sich von der Thermik treiben lässt. Sie sind vorübergehende Besucher in der Unendlichkeit des Blaus. Hier ist kein Vorhang aus Identitäten, Bewertungen und alten Verletzungen. Hier ist die bloße Bühne der Unendlichkeit. Auf der Erde trennen wir uns über unseren Verstand ab von dem, was uns umgibt - Mitmenschen, Pflanzen und Tiere. Wir haben Meinungen und Urteile, die uns von anderen unterscheiden. Der Himmel zeigt uns die Einheit. Irgendwann werden wir alle in diese Einheit zurückkehren.

Der Himmel ist eine Bühne, die von Wetter, Vögeln und Flugzeugen bespielt wird, bis das Stück zu Ende geht und sie die Bühne wieder verlassen. So wie wir verschiedene Rollen im Stück des Lebens spielen, bis wir die Bühne der Erde wieder verlassen und zurückkehren, ohne Schminke und Verkleidung. Die Unendlichkeit ist die einzige Konstante in unserem Leben. Aus ihr kommen wir, vergessen unsere Herkunft, die wir alle gemein haben und tun so, als seien wir einander fremd. Einige von uns spähen immer mal wieder hinter den Vorhang und erinnern sich an die Quelle, aus der alles Leben entsteht. In sie kehren wir irgendwann wieder zurück.

Diese Zeilen klingen einsam, jetzt, wo ich sie noch einmal lese. Doch ich weiß, dass sich nur der Teil in mir einsam fühlt, der sich voll und ganz mit der Isabell identifiziert und sich liebend gerne an dieses Leben klammern würde. Es ist die Bestie aus der Vipassana-Auszeit.

Doch der andere, viel größere Teil in mir, ist diese Unendlichkeit. Spüre ich sie, fühle ich mich gar nicht mehr einsam, sondern zuhause angekommen. Ich weiß: Wenn der Sommer kommt und ich wieder im Gras liege, in den Himmel blicke, unter mir die Erde mit all ihren krabbelnden Bewohnern spüre, bin ich verbunden. Nicht einsam. Verbunden mit Himmel und Erde, unser aller Mutter und Vater. Ich fühle die schlichte Ehrlichkeit, die der Himmel mir entgegenbringt. In diesen Momenten spüre ich, wie unnötig kompliziert ich mir mein Leben manchmal mache.

Der Moment, wenn dir die Natur
Unendlichkeit in Farbe zeigt.

Blau.

Magisch.

Der Moment, in dem Himmel
und Erde eins werden.

Nachts.

Der Moment, in dem du eines vom anderen
nicht mehr unterscheiden kannst.

Dieser Moment ist wie nach Hause kommen.

Am Ende kommt es anders

Noch eine Stunde Meditieren trennen mich von meinem alten neuen Leben. Vom Aufräumen, Sachen packen und zurück in die Großstadt fahren. Mein Mann wird sich freuen, wir werden gemeinsam zu Abend essen, uns über meine und seine Neuigkeiten austauschen - und mein Mailpostfach wird mich zu verführen versuchen, es noch heute zu checken.

Ich sauge die frische Luft ein. Die Windräder stehen zum ersten Mal still. Der Sturm vom ersten Tag hat gestern abgenommen, heute geht nur noch ein leichter Hauch durch meine Haare, als ich den Schotterweg vom Bauernhof zur Straße entlang gehe. Diesen Weg bin ich drei Tage lang so häufig gegangen, jedes Mal mit anderen Gedanken und Gefühlen und dem Versuch, mit jedem Schritt achtsam bei meinen Füßen zu bleiben. *Links, rechts, links, rechts.* Plötzlich will ich zu gerne weitermachen. Im Takt meines Schrittes meditieren. Diesen Bauernhof zu meinem eigenen Refugium machen, an dem die Zeit still steht. An dem ich einfach nur ich bin. Die drei Tage Vipassana haben mich darauf vorbereitet, weiter zu praktizieren. Jetzt verstehe ich diejenigen, die ich vor kurzem noch als mutig, ja gar leichtsinnig bezeichnet habe: Diejenigen, die gleich zwei oder drei Wochen Vipassana-Retreats buchen.

Wie der Sturm hat sich auch das Chaos in meinem Kopf gelegt. Diese neue Klarheit zeigte sich auch in meiner Umwelt. Die winterlichen Baumgerippe strahlen Ruhe aus. Braun, hier und da mit Moos bewachsen. Ich nehme jedes Detail ihrer Oberfläche wahr. Viel mehr als sonst. Die Felder sind dunkelgrün, glänzend von der Feuchtigkeit, die hier über allem liegt. Jeder Halm in einer einzigartigen Schönheit. Obwohl es ein typisch schleswig-holsteinisch trüber Tag ist, scheint die Natur zu leuchten. Es wirkt, als seien überall Lichtpartikel unterwegs und legen sich über alles, was lebendig ist.

Schon das Wasser in meinem Glas hat mich heute morgen angefunkelt. Plötzlich habe ich Farbnuancen wahrgenommen, für die ich noch vor kurzem blind gewesen wäre. Es ist, als habe sich ein Filter, durch den ich meine Umwelt wahrnehme, aufgelöst. Ist das hier die Realität, so klar und funkelnd, und war ich vorher wie in einem Traum unterwegs? Oder ist die Gegenwart nicht mehr als ein schöner Traum?

Diese Gedanken sollte ich mir laut Vipassana-Regeln gar nicht machen. Ich schmunzle. So schön diese Beobachtung auch ist, soll ich eigentlich nur auf meine Schritte achten und auf meinen analogen Wecker, den ich immer in der Jackentasche bei mir trage, sobald ich die Meditationshalle verlasse. Sein Klingeln wird mich zurück befehligen, um weiter zu meditieren.

Trotz aller Gebote schießt mir die Erinnerung an unser Lehrer-Schüler*innen-Gespräch am Abend unserer Ankunft in den Kopf, als mich die Bestie fest im Griff hatte. Eine Ewigkeit scheint zwischen uns zu liegen.

Thorsten, Ben, meine Bestie und ich folgten unserem Lehrer in seinen Raum. Doch meine Beine wollten alles andere, als das. Meine Beine wollten kleben bleiben oder weglaufen, aber nicht brav hinterhergehen. Sie wollten nicht, dass ich mich zu erkennen gebe. Dass ich mein Alleinsein in Worte fassen musste. Sie wollten keine Schwäche eingestehen, dabei zitterten sie auffällig. Ich wischte meine inneren Tränen ab, die bisher noch nicht nach außen gedrungen waren.

Der Besprechungsraum unseres Lehrers war ein kleiner, spärlich eingerichteter Raum mit einer Kommode, einem Altar, auf dem eine goldfarbene Buddha-Figur saß und drei Meditationskissen, die auf dem Boden lagen. Das einzig Gemütliche in diesem Raum waren die sandfarbenen Teppiche, die den kalten Steinboden bedeckten. Im Bauernhaus war es noch immer nicht richtig warm geworden, für ein altes und so weitläufiges Haus im Januar nicht ungewöhnlich. Ich schlang mir meinen Schal enger um die Schultern.

Der Lehrer setzte sich und wir taten es ihm gleich. Die Bestie legte sich zu meinen Füßen, ohne den Lehrer aus dem Blick zu lassen. Jeden Moment bereit, anzugreifen.

Unser Lehrer faltete die Hände im Schoß, schloss für einen Moment die Augen. Dann blickte er in die Runde seiner Schüler.

„Wie geht es euch?"

Super. Genau die richtige Frage für mich. Ich ließ Ben und Thorsten den Vortritt, denn ich traute mich nicht, eine Antwort zu geben. Zu groß war die Gefahr, mich mit zittriger Stimme zu offenbaren -- oder noch schlimmer: den Lehrer anzulügen. Das ist gar nicht Vipassana-like und verstößt natürlich gegen eine Regel. Thorsten und Ben schienen die Ruhe selbst zu sein und sich am Meditieren zu erfreuen. Die Bestie schüttelte den Kopf, als befreite sie sich von lästigen Fliegen.

Dann blickte der Lehrer zu mir. „Und du?"

Ich sah die Bestie an und schluckte. „Geht so. Habe es mir leichter vorgestellt. Ich spüre eine innere Leere in mir, die schmerzt. Ich versuche schon, mich mit ihr anzufreunden, aber es ist echt schwer."

Mein Lehrer schloss wieder die Augen. Seine dramatischen Pausen erhöhten meine Anspannung. Mein Herz klopfte. Die Bestie bellte. Sabber hing an ihren Mundwinkeln. *Shhht*, machte ich innerlich, um sie zu beruhigen.

Welchen Rat würde er mir geben?

„Gut so. Das Ziel des Vipassana ist, dass wir uns mit der Leere in uns konfrontieren. Wenn wir alle Gedanken und Gefühle, über die wir uns definieren, für einen Augenblick überwinden, zeigt sich diese Leere, die eigentlich Frieden ist. Die Abwesenheit von Aktion und Reaktion auf Inneres und Äußeres. Frieden, das ist unser natürlicher Zustand."

Ich atmete all die Luft, die ich bisher angehalten hatte, aus. Dieses endlose Fallen ins schwarze Nichts, was ich in der Meditationshalle erlebt hatte, hatte nun ein Ende. Mit seinen Worten spannte er das Rettungsnetz, das mich auffing.

Ich bin nicht falsch. Es ist nicht meine Schuld, dass die Bestie ausgebrochen ist. Diese Erfahrung ist ganz normal. Sie ist richtig.

Ich befand mich also mitten in einem Prozess, einem Tunnel, an dessen Ende das Licht wartete.

Was ich getan hatte, war mich in der Bewertung dieses inneren Reinigungsprozesses zu verfangen und es dadurch nur noch schlimmer zu machen. Ich kannte diese Bodenlosigkeit nicht, hatte Angst vor dem Fallen. Mein Überlebensinstinkt war eingeschritten. *Danke dafür, aber dich brauche ich jetzt nicht mehr. Ich muss nicht überleben, ich lebe. Jetzt. Pur.*

Die Bestie verblasste, bis sie ins Nichts überging.

Ich schmunzelte. „Das Leben geht also weiter."

„Richtig. Und dieses Wochenende hat heute erst seinen Anfang genommen. Du wirst immer wieder Gedanken und Gefühlen begegnen, die dich ablenken wollen oder schmerzvoll sind. Erinnere dich daran, mithilfe deiner Übungen im gegenwärtigen Moment präsent zu bleiben. Denn hier und jetzt gibt es keinen Schmerz und keine Angst zu fürchten." Der Lehrer nickte Thorsten und Ben zu. „Das gilt auch für euch."

Mit diesen Worten entließ er uns in den Abend.

Das war vorgestern. Seitdem fühle ich mich nicht mehr wie im freien Fall. Nun stehe ich mit beiden Beinen am Feld vor dem Haus. *Geerdet.* Die Bestie hat mich verlassen.

Wenig später erklingt der Gong und das Vipassana ist offiziell beendet. Mein altes Leben hat mich zurück. Und doch habe ich einen neuen Blick darauf gewonnen. Ich stehe auf der Schwelle zu etwas Neuem.

Thorsten und ich sind für das Säubern des Gemeinschaftsraums eingeteilt. Wir haben gerade angefangen zu fegen, als sein Handy klingelt. Ein ungewohntes Geräusch. Thorsten fischt es aus seiner Hosentasche und nimmt ab.

Ich wische die Tische ab. Er sagt *Scheiße!*, gibt mir ein Zeichen und verlässt telefonierend den Raum.

Das Wort aus seinem Mund zu hören, klingt komisch. Ich mache mir keine weiteren Gedanken und versuche noch ein wenig innere Leere zu bewahren. Die vielen Gedanken kommen noch schnell genug wieder.

Langsam umrunde ich die Tische, wische alte Krümel und Flecken vom Mittagessen weg. Noch immer sind meine Schritte langsam, in Vipassana-Slow-Motion. Die stets beschäftigte Geschwindigkeit des Alltags hat sich bei uns allen noch nicht zurück geschlichen.

Ich sortiere gerade die Becher in den Schrank ein, als Thorsten zurückkommt. „Mein Vater ist schwer gestürzt und liegt im Krankenhaus. Ich muss sofort losfahren, wenn ich es heute noch zu ihm schaffen soll. Kann ich dich alleine lassen?"

„Na klar!", antworte ich ihm. Ich sage ihm, dass es mir Leid tut und wünsche seinem Vater gute Besserung.

Doch Thorsten ist schon verschwunden.

Wir haben uns gerade zu einem gemeinsamen Abschluss ins warme Kaminzimmer gesetzt, als sich Thorsten verabschiedet. Er steht im Türrahmen, seine Tasche über der Schulter. „Es tut mir Leid, dass ich nicht mehr bleiben kann."

Mittlerweile wissen alle Bescheid, was passiert ist.

„Die Zeit mit euch war sehr schön. Erhellend, wieder einmal. Ich wünsche euch einen schönen Start in das 'Leben nach Vipassana'." Alle lachen und wünschen ihm alles Gute.

Ich sehe aus dem Fenster seinem Wohnmobil hinterher, das leicht in die Jahre gekommen und bunt bemalt ist, wie ein Überbleibsel aus den 68ern. Er fährt den Schotterweg hinauf zur Straße, biegt ab und verschwindet hinter der nächsten Kurve.

Was für ein abruptes Ende dieses zeitlosen Wochenendes. Für mich bleibt die Erkenntnis, dass innerer Frieden und Schmerz sehr nah beieinander liegen. Dass jeder Zustand vergeht und durch einen neuen abgelöst wird. Dass es nicht das Ziel ist, für immer im Frieden zu sein und im Flow zu leben. Dass nicht jede innere Mauer für immer eingerissen werden kann. Dass manches uns einfach begleitet, um uns stetig ans Wachsen zu erinnern.

Wir mittendrin, im Fluss des Lebens. Im Wandel unserer inneren Phasen, die uns immer wieder neu gebären. Denn das ist die einzige Sicherheit, die wir haben: dass sich alles stets verändern wird. Auch wir. Du und ich. Und das ist gut so.

Danksagung

Die Reise zu meinem ersten Buch hat fast dreißig Jahre gedauert. Die Weichen für meine Liebe zum Schreiben haben meine Eltern mit mir gemeinsam gestellt, als ich noch nicht selbst schreiben konnte. Danke, dass ihr meine Gaben gefördert habt.

Ich danke meinem Mann Nils. Du bist mein Fels, meine Erde, mein liebster Mensch und bester Freund. Du machst mein Leben zu einer besonderen Reise, die ich jeden Tag so dankbar mit dir antrete. Schon bald sind wir eine kleine Reisegruppe.

Ich danke meinem Leben bis hierhin. Ich danke meinen energetischen Begleitern und der puren Energie des Universums, die an diesem Buch mitgewirkt haben.

Ich danke meinem Vipassana-Lehrer und Thorsten für ihre weisen Worte und friedvolle Energie.

Ich danke Jessica, die dieses Buch lektoriert hat und Indra, die das himmlisch schöne Cover kreiert hat.

Danke dir fürs Lesen dieses Buches. Möge es dir eiin wertvoller Begleiter gewesen sein.

In Liebe,

Isabell

Über Isabell Mezger-Schumann

Isabell Mezger-Schumann ist Autorin und Gründerin des Fairliebt Verlags und des FeeeL Magazins. Sie hat Sprach- und Medienwissenschaften sowie Psychologie studiert und vier Jahre in Agenturen und in der Unternehmenskommunikation gearbeitet. Doch ihr Kindheitstraum ist es, eigene Bücher zu schreiben. Deshalb hat sie schon ihren Eltern ihre Geschichten diktiert, bevor sie selbst schreiben konnte.

Heute lebt sie mit ihrem Mann und ihrer Tochter in Hamburg.

Mehr Texte von Isabell liest du in den Büchern des Fairliebt Verlags sowie im FeeeL Magazin.

Folge Isabell auf Instagram:

@isabellmezger

@fairliebt_verlag

Channeling-Reading mit Isabell
- Finde Antworten auf deine Fragen

Vor einigen Jahren habe ich herausgefunden, dass mir eine liebevolle, allumfassende Kraft immer wieder Eingebungen schickt. Mehr und mehr habe ich mich zum Channeling, zur Verbindung mit der universellen Energie, gerufen gefühlt. Im September 2019 habe ich meine Channeling-Ausbildung gemacht und biete seitdem Readings für verschiedene Lebensfragen an.

Du möchtest …

… deiner Berufung auf die Spur kommen?

… dich und deine Bedürfnisse besser kennenlernen?

… Beziehungen verbessern und vertiefen?

… wissen, was das kommende Jahr wichtig für dich wird?

… oder herausfinden, wie du dich von dem lösen kannst, was dir nicht mehr gut tut?

Fragen wie diese beantworte ich in meinen Channeling-Readings.

Dabei verbinde ich mich in einer tiefen Meditation mit der universellen Weisheit. Denn im Universum sind bereits alle Informationen verfügbar und warten darauf, zu dir zu kommen.

Die Antworten auf deine Fragen sende ich dir schriftlich.

Mehr Infos: **www.moinspirit.de**

Schreibe gerne an: **info@isabellschumann.de**

Mehr vom Fairliebt Verlag

Meine SoulFood Journey – 14 Essstörungen, 14 Heilungswege

Tauche ein in die Heilungswege von den 14 Autor*innen unseres Buchs Meine SoulFood Journey. Ihre Geschichten teilen sie authentisch, offen und ehrlich – und geben tiefe Einblicke in ihren persönlichen Weg durch die Essstörung.

Mit diesen unterschiedlichen Geschichten zeigen wir, dass jede Frau und jeder Mann eine Essstörung überwinden kann. Heilung ist möglich!

Das Buch ist in Zusammenarbeit mit Kira Siefert, Herausgeberin und Gründerin von **SoulFood Journey**, entstanden. Bestellen unter: **www.fairliebtverlag.de/soulfood**

Willst du mit mir gehen, Herz?

14 persönliche Geschichten zum Thema Selbstmitgefühl erwarten dich.

Ihren Weg von Selbstkritik und –ablehnung hin zu mehr Selbstliebe teilen 14 Autor*innen mit dir. Du bekommst inspirierende Impulse, die du für deinen eigenen Weg zu dir selbst nutzen kannst.

Urlaub ist immer!

Wartest du sehnlichst auf den nächsten Urlaub, damit du endlich tun kannst, was du liebst oder eine Auszeit nehmen kannst? Urlaub ist immer!

In unserem Begleiter erwarten dich jeden Tag kleine Geschichten, Impulse und Übungen für mehr Achtsamkeit & Lebensfreude – und das 111 Tage lang.

Alle Bücher sind als Hard- und Softcover sowie eBook überall erhältlich, wo es Bücher gibt. Mehr Infos: **www.fairliebtverlag.de/buecher**

FeeeL

FeeeL – das Magazin für Deeptalk über Gefühle, Krisen & wahre Stärke

Die **FeeeL** erscheint mit drei Ausgaben pro Jahr und inspiriert dazu, tiefer ins eigene Gefühlsleben einzutauchen. Abseits von Instagram-Glamour und flachen Erfolgsformeln zelebrieren wir das Unperfekte. Unsere Interviewpartner*innen und Autor*innen erzählen ehrlich über ihre dunklen wie hellen Zeiten im Leben und zeigen dir: Du bist nicht alleine – und du bist genau richtig so, wie du bist!
Mehr Infos & Bestellung unter: **www.feeelmagazin.de**